SO! REISST MAN AUF

Das 1. kombinierte Lach- und Lernbuch
für Anfänger,
Fortgeschrittene und fast *Vollendete*

SO!
REISST
MAN
AUF

Mit 83 Cartoons von Harald Ritsch

Das ideale Buch für

☞ Einzelgänger, die Doppelgänger suchen.

☞ Frauen, die gerne selbst die Initiative ergreifen.

☞ Männer, die nicht nur Qualität, sondern auch Quantität schätzen.

☞ Verlobte, die es vorher noch einmal wissen wollen.

☞ Verheiratete, die gelegentlich von Scheidung sprechen.

☞ Geschiedene, die schon wieder ans Heiraten denken.

☞ *Liebestolle*, die *One-night-stands* Hochzeiten vorziehen.

☞ Strategen, die nichts dem Zufall überlassen.

☞ Verkäufer, die noch mehr Kunden fangen wollen.

☞ Paradeaufreißer, die sich perfektionieren möchten.

☞ *Fremdgänger*, denen es an *Opfern* mangelt.

☞ Mauerblümchen, die zu Draufgängern mutieren wollen.

☞ Treue, die wissen möchten, wo Treue endet.

☞ In sich Gekehrte, die sich durch einen *Kehraus* öffnen wollen.

☞ Menschen, die gute Bücher lieben.

Und für

Inhalt

TEIL II:
DIE BESTEN AUFRISSMASCHEN FÜR SIE & IHN
113

Gratulation zu Ihrem Öko-Buch!

Sie haben ein Öko-Buch erworben. Durch den Kauf dieses Bandes haben Sie den Buchhändler, den Verlag, den Vertrieb und den Autor zwar nicht öko*logisch*, aber immerhin ökono*misch* unterstützt.

Überdies sind Sie nun stolzer Eigentümer des wahrscheinlich wichtigsten Buches seit Menschengedenken, oder, wie ich es gerne nenne, Ihnen gehört die Mutter aller Bücher. Denn erst das Kennenlernen (Aufreißen) von Individuen der Gattung Mensch ermöglicht Liebe und Fortpflanzung derselben, was bedeutet: dieses Buch ist existentiell, überlebenswichtig. Rückblickend verwundert es doch einigermaßen, wie die Menschheit so lange auf dieses Monumentalwerk verzichten konnte.

Aufreißerisches

Das Ansprechen und Kennenlernen fremder Personen stellt für zahlreiche *arme Geschöpfe* mehr ein angstbesetztes, schweißtreibendes Problem als ein reizvolles Abenteuer dar, das Neugierde befriedigt und Freuden aller Art bereitet. Sicherlich kann das Aufreißen unbekannter Individuen in seltenen Fällen auch negative Folgen haben. Beispielsweise dann, wenn man auf einen jungen, glatzköpfigen Menschen trifft und sich in charmanter, aufreißerischer Manier über dessen kühne wie kühle Kahlköpfigkeit belustigt, unwissend, daß es sich dabei um einen zwar haarlosen, aber keinesfalls harmlosen Skinhead handelt.

Nachdem Eroberungen Sie jedoch nicht belasten, sondern Ihnen von Anfang an Freude bereiten sollen, habe ich mich redlich bemüht, das Thema mit einem hochprozentigen Schuß Humor aufzubereiten. Sollte Ihnen mein köstlicher Humor, über den ich persönlich sehr oft lache, wider Erwarten nicht gut bekommen, versuchen Sie diesen Umstand übungshalber positiv zu sehen. Positives Denken ist eine fundamentale Voraussetzung in Sachen Aufriß und kann auf diese Art und Weise gezielt trainiert werden. Sie merken schon, dieses kombinierte Lach- & Lernbuch bedient sich modernster pädagogischer Errungenschaften. Schon bald werden Sie sich wünschen, noch einmal zur Schule gehen oder noch viele andere Bücher desselben Autors lesen zu dürfen.

Wer reißt wen auf?

Seit Urzeiten, beziehungsweise so lange ich mich mit meinen 35 Jahren erinnern kann, ist Aufriß eine männerlastige Angelegenheit. Zwar zeigen Untersuchungen, daß über 90 Prozent der sich für männlich haltenden Spezies auf die Initiative der Frau warten. Allerdings beschränkt sich diese weibliche Initiative meist auf einen kurzen *Augen-Blick*, der dem Mann Interesse oder Sympathie signalisieren und diesen dann zur Aktivität motivieren beziehungsweise ermutigen soll. Der Aufriß selbst aber, die eigentliche Kontaktaufnahme, das Ansprechen, ist heute leider eindeutig Männersache.

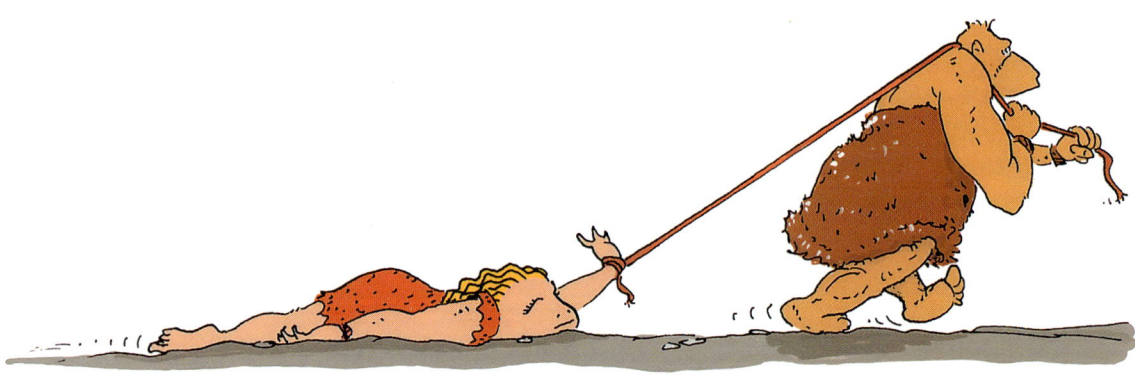

Selbst in Zeiten fortschreitender Emanzipation wage ich als Mann kaum zu hoffen, daß das vermeintlich schwache Geschlecht in naher Zukunft, die ich noch potent erleben darf, vermehrt die Initiative ergreifen wird. Im Gegenteil: Die Damen könnten Emanzipation in Sachen Aufriß vielleicht dahingehend interpretieren, daß sie als nunmehr *emanzipiert schwache Frauen* erst recht nichts mehr unternehmen müßten und sich gefälligst der *starke* Mann um sie ausreichend zu bemühen habe. Während die Emanze also auf dem Sofa sitzt und Zigarre raucht, wäscht Mann ab, räumt auf und reißt auf, bis Frau überkocht. Eine schreckliche Vision.

16

Allerdings muß den so oder ähnlich fatal denkenden Damen eines klar sein: Eine passive Frau kann den Partner lediglich unter Männern wählen, von denen sie im Laufe der Jahre angesprochen wird. Die Aktive hingegen sucht sich aus einem schier unerschöpflichen freien Markt ihre Opfer selbst aus. Der erste Merksatz lautet deshalb:

LIEBER DER TÄTER SEIN
ALS DAS OPFER!

Aufriß für sie und ihn

Dieses kombinierte Lach- & Lernbuch ist trotz der üblichen Rollenverteilung neutral und asexuell gehalten. Sämtliche Lern- und Eroberungsmethoden sind im großen und ganzen allgemein und flexibel anwendbar. Ob Frauen Männer, Männer Frauen, Frauen Frauen oder Männer Männer kennenlernen wollen, spielt keine Rolle. Lediglich für Sodomiten ist diese Lektüre wahrscheinlich ungeeignet. Die Reaktion von Tieren auf die angeführten Aufrißmaschen ist nicht erforscht, demzufolge kann hierfür, insbesondere wenn es sich um Raubtiere handelt, keine Haftung übernommen werden.
Um dieser Geschlechtslosigkeit auch sprachlich gerecht zu werden, habe ich, wann immer möglich, versucht, weder männlich noch weiblich, sondern rein *sachlich* zu schreiben, sprich: ein Autor für alle *Fälle* zu sein. Hin und wieder ließ es sich jedoch aus erwähnter, thematisch bedingter Männerlastigkeit oder aber aus *autor-itären* Gründen nicht vermeiden, Situationen aus der *objektiven* Sicht des Mannes zu schildern.

„WENN DAS WÖRTCHEN MAN(N) NICHT WÄR,
WÄR DIE WELT NICHT ELITÄR.“

Meister Rhomberg?

Natürlich, Sie gehen davon aus, daß es sich bei Ihrem Autor um einen Paradeeroberer, einen Frauenhelden oder „Heroiden", wie ihn die Lateiner nennen, kurz, um einen Casanova ersten Ranges handelt, der sein Handwerk wie kein anderer versteht. Aber weit gefehlt. Ihr Meister schrieb dieses Buch, um über seine schon krankhaft zu nennende Schüchternheit hinwegzukommen. Ich erzähle Ihnen das deshalb, damit Ihre durchaus berechtigte Bewunderung und Hochachtung nicht in blinde Hörigkeit ausartet. Ihr Autor ist *meistens* auch nur ein Mensch wie Sie.

Der Aufreißer und das Opfer

Aufreißen: ein schreckliches, triviales Wort. Und doch leider unumgänglich. Zu diesem gibt es wenigstens ein Substantiv: „der Aufreißer". Was sich bei vielen Verben nicht so leicht findet, zumindest nicht in anwendbarer Form. Etwa bei „anbandeln": der *Anbandler*? Oder bei „kennenlernen": der *Kennenlerner*? Oder bei „flirten": der *Flirter*? Oder bei „angeln": der *Angler*? – „Der Angler, das ist doch was!" werden Sie jetzt vielleicht unaufgefordert dazwischenrufen. Und Sie hätten recht, würde es sich bei diesem Buch um Fischerlektüre handeln. Doch genau da steckt der Wurm drin.
Das meines Erachtens neben „aufreißen" einzig und allein in Frage kommende Verb lautet „erobern". Der Eroberer. Das klingt abenteuerlich und heldenhaft. Ein Stück Land erobern auf dem Körper eines menschlichen Wesens. Die Behaarung wie Schilf im Wind rascheln hören, *steile Zähne* erstürmen, das Wasserplätschern des Speichels im Mund erlauschen, Muscheln alias Ohren suchen, Venus-Hügel erklimmen und dann den Vulkan am Manne ausbrechen sehen. Ja, diese Abenteuer sind Eroberern wie James Cook, Christoph Columbus und bald auch Ihrer würdig.
Aufreißer oder Eroberer also nenne ich, um wieder auf den Bo-

Ein Eroberer am Gipfel seiner Wünsche

den der Realität zu kommen, die Gipfelstürmer, die viele leid-
tragende Menschen, kurz Pechvögel genannt, im Sturm erobern wollen. Den Gegenpart, die Pechvögel, die auch Sie
schon bald nach Studium dieser Lektüre aufzureißen versuchen
werden, bezeichne ich im folgenden als „Opfer". Als Ihre Opfer, genauer gesagt.[1]

[1] Aber auch als Objekte, Subjekte und so weiter.

TEIL I

Das Aufriß-1x1

Sie wollten das Buch aufschlagen, sich eine gute Masche herauspicken und damit noch am selben Abend Ihren Traumpartner kennenlernen? Sie sind ganz schön naiv. Aber bitte, ich kann mir meine Leser schließlich nicht aussuchen.

Natürlich ist es möglich, daß Sie bereits ein erfahrener, mit allen Wassern gewaschener Paradeaufreißer sind, der sich lediglich um ein paar geniale Tricks bereichern möchte. Sollte dies der seltene Fall sein beziehungsweise, sollten Sie sich so ein- oder überschätzen, können Sie durchaus gleich zu Teil zwei, den besten Aufrißmaschen, übergehen. Meine spezielle Empfehlung: Nummer 0815, „Aufrißmaschen für Aufschneider".

Wie ich Sie aber in meiner Phantasie so vor mir sehe, kleinlaut, schüchtern, komplexbeladen und mit roten Wangen bestückt, empfehle ich Ihnen dringend, sich vorerst das im „Aufriß-1x1" aufbereitete Basiswissen anzueignen. Wer den Arztberuf erlernen will, beginnt ja auch nicht mit einer Herztransplantation, sondern mit der Bildung eines soliden, spezifischen Fachwissens. Wie heißt es so schön: Wissen ist Macht.

Aufreißen ist trotz der in den letzten Jahrzehnten weltweit dramatisch gestiegenen Opferzahl keinesfalls einfacher geworden, ganz im Gegenteil. Viele gesellschaftspolitische wie strukturelle Veränderungen machen das Kennenlernen von Partnern zunehmend schwieriger. Immer mehr Menschen bewohnen nicht mehr Kuhdörfer, wo jeder jeden kennt, sondern Städte, wo jeder fast niemanden kennt, beziehungsweise wo mit Sicherheit niemand jeden kennt. Man lebt einsiedlerisch, zurückgezogen in Silos, in Gaststätten und Cafés setzt man sich praktisch nie zu unbekannten Personen, sondern sucht den *verlassenen* Tisch. Auf der Straße spaziert man an Tausenden Fußgängern vorbei, ohne jemals angesprochen zu werden. Wie kontaktarm wäre die Welt erst, gäbe es nicht die Bettler, Rosenverkäufer oder Bankomaten.

Auch die Infrastruktur trägt zur Kontaktarmut im reichen Westeuropa bei: In Zügen installiert man zwar Raucher- und Nichtraucherabteile, aber keine Kontaktabteile. Toiletten werden nach Geschlechtern getrennt, anstatt kommunikative Gemeinschaftseinrichtungen zur fröhlichen Entleerung zu sein.

In Hotels findet man lauter kleine Zimmerchen statt großer kollektiver Schlafsäle. Auch die Kirche trägt einen wesentlichen Teil zur Vereinsamung bei. Beichtstühle etwa bleiben immer nur Einzelgängern vorbehalten. Öffentliche, im Fernsehen live übertragene Massenbeichten am *heißen Stuhl* („Ich habe meine Frau mit ihrer Schwester betrogen") mit anschließender dynamisch unkeuscher Gruppenbuße wären ein mit Sicherheit aufsehen*erregender* Weg mit hohen Einschaltziffern.

In diesen harten Zeiten lernt man, wie Sie sehen, nur noch selten automatisch jemanden kennen, sondern muß selbst die Initiative ergreifen. Je ausgeprägter das Selbstwertgefühl, je klarer das Ziel (Opfer) vor Augen, je größer die Portion Mut, je raffinierter das Eigenmarketing und je besser die Aufrißqualität, desto größer die Erfolgschancen.

Aufreißen ist eine größtenteils erlernbare Tätigkeit, die sich von Mensch zu Mensch lediglich in der mathematisch definierbaren Erfolgsquote unterscheidet. Da Erobern, wie jeder *anständige* Beruf, von der Pike auf erlernt werden muß, gilt als erste Maxime: „Übung macht den Meister" sowie: „Es ist noch kein Meister vom Himmel gefallen" – und das meine ich keinesfalls ketzerisch.

Übung macht den Meister

Üben, üben und nochmals üben lautet also die Devise, denn „ohne Fleiß kein Preis". Wobei sich der „Preis" im Kontext natürlich auf Ihr Eroberungsopfer bezieht. One-night-stands-Suchende, Vegetarier ausgenommen, können dieses Sprichwort auch gerne als „Ohne Fleiß kein *Fleisch*" interpretieren.

Arbeiten Sie die folgenden acht Schritte Punkt für Punkt durch, probieren Sie *alle* Übungen *mehrfach* aus und konzentrieren Sie sich auf jene Allheilmittel, die Ihnen wichtig und wirksam erscheinen.

Natürlichkeit ist Ihr Trumpf

Es ist wie die Wandlung in der Heiligen Messe: Einfacher, sensibler, sympathischer Kerl, zart wie ein Lamm, trifft fremdes Mädchen und *wandelt* sich umgehend in coolen, arroganten „Superman". Oder: Natürliche, kontaktfreudige Frau sieht begehrenswerten Mann und *wandelt* sich in unnahbares, abweisendes, uninteressiert wirkendes Wesen.

Bedenklich viele Menschen leiden unter dieser Art „Kontakt-Schizophrenie" und schlüpfen, vornehmlich gegenüber Fremden, in andere Persönlichkeiten. Sie benehmen sich dann versucht lässig wie Humphrey Bogart, charmant wie Peter Alexander, verführerisch wie Sophia Loren, arrogant wie Alain Delon, neurotisch wie Woody Allen, prüde wie Madonna, aberwitzig wie Louis de Funès, hartgesotten wie Sylvester Stallone, hinterhältig wie J. R. Ewing oder unwiderstehlich wie James Bond.

Kontakt-Schizophrene begnügen sich allerdings längst nicht nur mit dem bloßen Rollentausch, sondern üben sich auch in Sachen Anpassung. Da kann es durchaus vorkommen, daß der *eingefleischte* Vegetarier durch die hübsche Metzgerstochter zum Hamburgerfetischisten mutiert, der *Reinrassige* durch die braune Mulattin ein *Kaffeeliebhaber* oder die Umweltfreundin beim Anblick eines *kernigen* Reaktorspezialisten zu *strahlen* beginnt.

Derlei Schizophrenie und Opportunismus haben vielerlei Motive. Betrachten wir zum Beispiel den *Unsicherheitsfaktor.* Der verklemmte Aufreißer nimmt, aus welchen Gründen auch immer, an, das Opfer stehe mehr auf Sylvester Stallone, obwohl er sich persönlich mehr mit Peter Alexander verbunden fühlt, und macht deshalb auf Rambo. Die mögliche, wenn auch *unmögliche* Folge: Das getäuschte Opfer verliebt sich in ihn und stellt einige Wochen später maßlos enttäuscht fest, daß es sich beim angeblichen Rambo lediglich um einen *ganz normalen* Peter Alexander handelt.

Natürlichkeit siegt

„Retour à la nature". Kehren Sie zurück zu *Ihrer* Natur, werden Sie Ihrem wirklichen Wesen endlich gerecht. Sich selbst zu spielen ist, so Sie kein begnadeter Schauspieler sind, nicht nur am einfachsten, sondern bereitet Ihnen auch am meisten Spaß, schenkt Ihnen auf Dauer jede Menge Selbstvertrauen und wirkt auf allfällige Objekte mit Sicherheit am echtesten. Gerade in unsicheren Zeiten wie diesen stechen Sie mit ungeschminkter Natürlichkeit aus der Herde verkrüppelter Nachahmer am stärksten heraus.

Versuchen Sie deshalb nicht, Ihre eventuelle Aufriß-Nervosität zu verbergen. Seien Sie *ruhig nervös*. So Sie ein Tolpatsch sind, stolpern Sie auf das Opfer zu, treten Sie ihm auf die Füße, werfen Sie an der Bar sein Glas um oder verbrennen Sie ihm, ohne nachträgliches schlechtes Gewissen, beim Anfeuern der Zigarette das Haar. Glauben Sie mir, das ist alles völlig in Ordnung, völlig normal, völlig natürlich. Kommen Sie, bedingt durch Ihre liebenswerte, wenn auch nicht ungefährliche Schüchternheit ins Stottern, stammeln Sie ruhig weiter. Sie heben sich dadurch von der uninteressanten, weil notorisch flüssig sprechenden Masse wohltuend ab. Tun Sie, was Sie immer tun würden, und sagen Sie ganz einfach, was Sie denken! Stehen Sie zu Ihrer Persönlichkeit, so minderwertig diese auch sein mag. Passen Sie sich nicht an. Wie heißt es in der Werbung? „Ich will so bleiben, wie ich bin." – „Du darfst."

Natürliches Verhalten hat naturgemäß zahlreiche Vorteile. Sie müssen keine Rolle mehr spielen, um zu imponieren. Ihr Opfer weiß vom ersten Moment an, worauf es sich mit Ihnen einläßt. Außerdem, glauben Sie im Ernst, daß Peter Alexander glaubhaft Rambo spielen könnte?

Zur Untermauerung dieser These ein Beispiel aus meiner Lebenserfahrung welches beweist, daß Natürlichkeit siegt: Ich, damals 30, attraktiv, unbefriedigt, treffe blutjunges, schüchternes Mädchen ohne jegliche sexuelle Erfahrung und schlafe selbstverständlich noch am selben Abend mit ihm. Dabei verhalte ich mich diszipliniert und vor allem leise, um das unerfahrene Opfer nicht mit verstümmelten Lauten, ordinären Sätzen oder unnötigen Stellungswechseln zu verunsichern. Nach meinem aus denselben Überlegungen heraus bemerkenswert unterdrückten Lustschrei am Höhepunkt meiner *Leiden-Schaft* muß ich erfahren, daß dieses freche Jungblut Sex weit erregender empfindet, wenn man sich dabei richtig gehenläßt, sozusagen „die Sau rausläßt" und – vor allem – *natürlich* laut stöhnt! Trauriges Resumee: Ich, ehemaliger Sex-Mini-Rambo, spielte Peter Alexander, obwohl sie Rambo wollte. Der Preis: Opfer enttäuscht, Erreger unbefriedigt. Die positive Folge: sofortige Wiedergutmachung.

Retour à la nature in Perfektion

Rückgewinnung natürlicher Natürlichkeit

Wenn Sie nicht mehr exakt wissen sollten, wer oder was Sie eigentlich sind, was Sie mögen und wen nicht, wen Sie nur lieben, mit wem Sie aber Liebe machen wollen, was Ihnen wichtig ist und wo Sie sich nur wichtigmachen, definieren Sie sich neu. Entwerfen Sie Ihren Persönlichkeitsbaum und tragen Sie Ast für Ast, Blatt für Blatt, Laus für Laus, alles ein, was Ihnen über Ihre Eigenschaften, Wünsche, Ängste und dergleichen einfällt. Versuchen Sie anschließend, Ihre neustrukturierte, übersichtliche Persönlichkeit auch zu leben. Verleihen Sie Ihren Gefühlen öffentlich Ausdruck. Machen Sie Ihren Mitmenschen lautstark klar, was Sie wollen, fluchend, was Sie hassen, heulend, was Sie aufregt, stöhnend, was Sie erregt. Verraten Sie Ihrem intimen Spielgefährten endlich Ihre geheimsten Wünsche. Geben Sie sich Stück für Stück preis. Blamieren Sie sich scheinbar täglich, etwa durch kleine Geständnisse („Haben Sie Haustiere?" – „Ja, Filzläuse."). Schon bald werden Sie erkennen, daß Sie sich Ihrer Persönlichkeit wegen nicht zu schämen brauchen. Im Gegenteil: Sie werden überrascht feststellen, wie positiv Ihre Mitmenschen auf Ihre neue Ehrlichkeit reagieren. Nur bitte: Folgern Sie daraus nicht, daß Sie Ihr nächstes Opfer mit „Hallo, willst du einen Versager kennenlernen?" ansprechen sollten.

PERSÖNLICHKEITSBAUM "KURTI"
1 KIND VON MARTA
1 KIND VON EVI
1 KIND VON HELGA
KLUPPIG
GEIZIG
SPARSAM
HABSÜCHTIG
PICKEL
1 BORSCHE
1 ROHLEX
VITAMIN "B" (BEZIEHUNGEN)
$ 9.999.999.9
GELD-GIERIG
JÖRG
IMPOTENZ
ICH BIN
ICH WILL
DER "DENVER CLAN"
1 RINGFINGER
ICH HASSE
KREDITE SCHULDEN BANKEN!
MIR FEHLT
? (FEHLT...)
SPINAT
So bin ich, nur hübscher.

Eigenliebe

Ich weiß, Sie laborieren noch an Ihrer Kontakt-Schizophrenie, an der „Ich bin noch nicht, wie ich bin"-Schwäche und sind nebenbei damit beschäftigt, sich selbst zu „outen"[1]. In dieser Phase ist es von besonderer Bedeutung, positiv zu seinen Schwächen zu stehen, ja zu diesen sogar eine Art Haßliebe, eine Schwächenliebe oder Schwachsinnsliebe, wie sie die Intellektuellen nennen, zu entwickeln. Wer seine vermeintlichen „Fehler", wie etwa die schon angesprochene Nervosität bei der Kontaktaufnahme, mag, kann ganz natürlich damit umgehen, darüber lachen und eine positive Eigenheit, eine Besonderheit darin sehen.

Eine angemessene Portion Eigenliebe – mit Betonung auf „angemessen" – stärkt Ihr Selbstbewußtsein beträchtlich und macht Sie insgesamt zufriedener und glücklicher. Zudem: Wenn Sie sich in sich selbst so richtig heftig verlieben, genügen Sie sich vielleicht ja selbst und brauchen gar keinen Partner mehr. Das spart auf Dauer unheimlich viel Geld und Kinder.

BEVOR SIE ANDERE MENSCHEN, IN WELCHER FORM UND ZAHL AUCH IMMER, LIEBEN WOLLEN, MÜSSEN SIE LERNEN, SICH SELBST ZU LIEBEN.

Wer sich selbst nicht liebt, heißt es, kann andere nicht lieben. Verstehen Sie das aber bitte nicht falsch: „Sich selbst lieben" ist in diesem Fall nicht sexuell gemeint, sondern will vielmehr zum Ausdruck bringen: Wer mit sich selbst unzufrieden ist, wird auch an anderen immer etwas auszusetzen haben.

Zudem muß einem klar sein, daß Fehler oder Schwächen etwas Subjektives sind, nicht selten geprägt durch die unmenschliche, widernatürliche Betrachtungsweise der Leistungsgesellschaft. Nehmen wir zum Beispiel die unstatthafte Faulheit: Ja, gibt es

---

[1] Outing: Modebegriff; öffentliche Bloßstellung. Hauptsächlich bei angeblich homosexuellen Prominenten verwendet, die via Medien dieser Eigenschaft bezichtigt werden.

denn etwas Schöneres, als am Meer zu liegen, an einer Wassermelone zu schlürfen und einfach zu faulenzen, während man vom Partner unter der Gürtellinie gestreichelt wird?

Wer sagt Ihnen denn, daß Ihre *beispielhaften* Eigenschaften, beim Erstkontakt zu stottern, beim Stottern zu spucken und (als Mann) beim „ersten Mal" *potentiell* zu versagen, überhaupt Fehler sind? Sie nehmen an, daß es sich um solche handelt, weil es bei Vergleichsmenschen nicht so ist? Erstens geht es vielen anderen Leuten nicht anders, zweitens sind auch das Eigenschaften, die Sie unverwechselbar und für manche Opfer erst so richtig liebenswert machen. Was nicht bedeutet, daß Sie jetzt gleich damit prahlen sollen, wie phantastisch Sie stottern, wie weit Sie beim Stottern spucken und wie unverwechselbar impotent Sie gelegentlich sind. Aber, verstehen Sie, genau diese beispielhafte männliche Impotenz, die ja meist nur dann auftritt, wenn man sie am wenigsten brauchen kann, macht Sie zu einem Menschen. Zu einem Menschen mit *Höhen* und *Tiefen*, mit Gefühlen und Sensibilität. Das gleiche gilt für Frauen, die bei den ersten paar hundert Malen keinen Orgasmus bekommen. Ärgern Sie sich nicht. Das ist doch ganz natürlich, wenn Sie dabei unbedingt *sauber* bleiben wollen.

Unverwechselbar macht Sie aber nicht nur Ihr inneres, sondern auch Ihr äußeres Wesen. Versuchen Sie deshalb, Ihre *besonderen Merkmale* ab sofort positiv zu sehen. Makellos langweilige „Schönheiten" finden sich ohne Hülle und in Fülle in jeder Illustrierten. Wer wiederum hat Ihnen denn eingeredet, daß banal anliegende kleine Ohren schöner sind als großflächige Fliegerohren, daß große Kulleraugen attraktiver sind als eitrige Hühneraugen? Auch wenn Sie noch so häßlich sind, was ich mir durchaus vorstellen kann: vielleicht zählen Sie einfach nur zu der Kategorie Schönheit, die nicht jeder sehen kann.

Vergessen Sie all Ihre sogenannten „Schönheitsfehler", beziehungsweise lernen Sie diese als persönliches Markenzeichen, als Muster ohne Wert zu akzeptieren und zu lieben. Was hilft: Beobachten Sie Ihre Mitmenschen auf der Straße, in der U-Bahn, im Supermarkt, und Sie werden sehr bald feststellen, daß Sie besser aussehen als viele andere.

VIELE MENSCHEN SIND
NOCH VIEL HÄSSLICHER ALS SIE!
SO GESEHEN SIND SIE SCHON WIEDER HÜBSCH.
HÜBSCH HÄSSLICH.

Wie man sich rein platonisch lieben lernt

Liebesübung

Lieben Sie ab sofort auch Ihre angeblichen Schwachstellen. Ärgern Sie sich nicht mehr über Ihre „Fehler" oder „Schwächen". Sind Sie beispielsweise beim Anblick Ihrer eigenen Geschlechtsteile wieder einmal rot geworden, freuen Sie sich darüber, daß Sie kein Roboter, sondern ein farbenfroher Mensch mit besonderen Eigenschaften sind. Wenn Sie Ihr Farbwechsel nur noch amüsiert, findet er eines Tages wahrscheinlich gar nicht mehr statt – selbst wenn Sie ihn sich dann wünschen, weil er doch Ihr Markenzeichen ist.

Schönheitsübung

Befinden Sie sich bei Ihrem täglichen Blick in den Spiegel als ausgesprochen schön. Genießen Sie beim Lokalaugenschein Ihre besonderen Merkmale und lernen Sie diese als ausgefallene und deshalb reizvolle Besonderheiten, Prädikat besonders wertvoll, schätzen. Sagen Sie sich, daß Sie schön sind, selbst wenn Sie dabei wiederum rot werden. Wiederholen Sie es so oft, bis Sie es glauben – also nicht mehr rot werden.
Beobachten Sie andere Menschen und stellen Sie täglich fest, daß Sie attraktiver sind als manch Häßlichere.

„Dieser Rhomberg hat recht. Ich bin schön!"

Suggestionsübung

Komponieren und texten Sie Ihr ganz persönliches Liebeslied und singen Sie dieses in schalldichten Räumen dreimal täglich nach dem Essen.[1]

---

[1] Vor dem Essen könnte Ihnen der Appetit vergehen.

37

Beispiel:

„Ich liebe mich"

Ich liebe meinen dicken Bauch,
und meine Pickel lieb' ich auch.
Ich liebe meine langen Finger,
und steck sie gern in fremde Dinger.

Ich liebe mich und meine Fehler,
den Geiz, den Neid, den Alkohol.
Ich bin ein Trinker, ein fideler,
also dann, auf mich, zum Wohl.

Ich liebe meine vielen Schulden,
ob in Franken oder Gulden.
Ich gönn' den Menschen alles sehr.
Nur mir, mir gönne ich noch mehr.

Ich liebe mich von Kopf bis Fuß,
selbst meine Perversionen.
Das Küssen meines Spiegelbilds
und andre, die sich lohnen.

Das Treiben mit dem Tapezierer,
gefesselt auf dem Tischkopierer,
vom Scheitel bis zur Sohle.
Ich liebe mich und das Frivole.

Ob im Sommer oder Winter,
ob im Frühling oder Lenz:
Durch meine Top-Intelligenz
liebe ich mich zur Potenz.

Zielsetzung

Jetzt, nachdem Sie sich selbst zu verkennen und abgöttisch zu lieben gelernt haben, ist es an der Zeit, mehr über Ihr allfälliges Opfer in Erfahrung zu bringen. Die meisten Menschen haben zwar latente Wünsche, wie etwa steinreich, allmächtig oder berühmt-berüchtigt zu sein, jedoch sind diese fatalen Begierden vielfach zu schwach ausgeprägt, um auch konsequent verfolgt und somit wahr zu werden. Erfolgreiches Management, wozu man durchaus auch das Aufrißmanagement zählen darf, beinhaltet deshalb als immens wichtiges Element die detaillierte Formulierung der Wünsche in Form einer klaren Zielsetzung: Was genau will ich bis wann wie erreichen?

Sicher, Sie möchten einen oder mehrere außergewöhnliche Menschen finden, die das schier Unmögliche schaffen, nämlich an Ihnen Gefallen zu finden. Aber es gibt allein auf der Erde einige Milliarden Menschen, und alle unterscheiden sich voneinander. Wenn Sie vorhaben, ein Automobil zu kaufen, rennen Sie ja auch nicht blindlings los, sondern überlegen sich zuvor, welche Merkmale Ihnen wichtig sind: beispielsweise gutes Design (Körpermaße), ABS (Sicherheit), Servolenkung (einfache Handhabung), Spoiler (Zugehörigkeit zum Proletariat), Preisklasse (Vermögensverhältnisse), Langlebigkeit (Treue), Bereifung (Sportlichkeit), Klimaanlage (Ausgeglichenheit), großer Innenraum (Gebärfreudigkeit), Airbag (lebensbejahende Einstellung) oder Restwert (gut erhalten im hohen Alter).

Wer suchet, der findet, sagt man. Und selbstverständlich findet man irgend etwas, wenn man sucht, vielleicht ein altes Kondom unter dem Sofa, eine erschlagene Fleischfliege auf dem Fensterbrett oder gar ein vergessenes Sparbuch mit eingetragenem Losungswort zwischen der Schmutzwäsche. Sie haben recht, suchen kann vor allem bei letzterem Beispiel durchaus Freude bereiten. Allerdings – und davon bin ich felsenfest überzeugt – findet man etwas ganz Bestimmtes mit Sicherheit leichter, wenn man weiß, was es ist. Deshalb lautet der – um im *automobilen Kontext* zu bleiben – *runderneuerte* Merksatz:

WER NICHT WEISS, WAS ER SUCHET,
DER NICHT FINDET, WAS ER WILL.

Je klarer Sie Ihre Wünsche vor Augen haben, desto schneller werden sich diese erfahrungsgemäß erfüllen. Durch die Zielsetzung wissen Sie sehr genau, auf was Sie bei all-*fälligen* Opfern achten und wo Sie diese aufspüren müssen. Angenommen, Sie hegen den frommen Wunsch nach einem „Quickie"[1], dann wäre es doch sicher ratsamer, gegen vier Uhr früh in einer Disco zu suchen als gegen zehn Uhr vormittags in einem Kloster. Richtig? Zudem verlieren Sie keine unnötige Zeit mehr mit dubiosen Partnern, die sich nachträglich als ungeeignet erweisen.

Praktische Vorgangsweise

1. Definieren Sie die gewünschte Partnerbeschaffenheit, wie das Geschlecht (männlich, weiblich, sächlich, neben*sächlich*), die optische Erscheinung (Größe, Hautfarbe, Beine, Anzahl der Zähne etc.), das Alter (minderjährig, volljährig, verjährt), die Eigenschaften (sensibel, penibel, flexibel, kompatibel), die Vermögensverhältnisse (Doppelbezüge, versteckte Provisionen, Alleinerbe) und all die anderen Dinge, die Ihnen scheinbar wichtig sind. Eines muß Ihnen jedoch klar sein: Je ausgefallener Ihre Anliegen sind (Tätowierungen, Nasenringe, Wiederkäuer o. ä.), desto problematischer gestaltet sich die Suche.

2. Überlegen Sie, für welchen Zweck Sie Ihr Opfer *mißbrauchen* wollen: für den Bund der Eḥe, für eine schwierige Freundschaft, für eine einfache Bürgschaft, zum gemeinsamen Urlauben, für sexuelle Versuche, zum Fußball-, Handball- oder Doktorspielen.

---

[1] Quickie: Eine schnelle Nummer, eine Art sexuelle Kurzwahl.

41

WEN ODER WAS WOLLEN SIE AUFREISSEN?

EGAL WAS, HAUPTSACHE SCHÖN

EINEN TIERISCH SCHÖNEN PAVIAN

EINEN SCHÖNEN HAUPTTREFFER

EINEN SCHÖNGEISTIGEN ARISTOKRATEN

EINEN CAPTAIN AUS DEM GEFRIERFACH

EINFACH ALLES, WAS SCHÖNE BEINE HAT

3. Erstellen Sie einen Zeitplan. Legen Sie zuerst einen realistischen Zeitrahmen fest, in dessen Verlauf Sie alle notwendigen Vorbereitungen abschließen, um anschließend mit der praktischen Opfersuche starten zu können. Wählen Sie dann einen realistischen Zeitpunkt (z. B.: 11. 11. 11 Uhr 11), bis zu dem Sie das geeignete Opfer gefunden haben beziehungsweise über mehrere Opfer, sprich: einen sogenannten *Opferstock*, verfügen wollen.

4. Fertigen Sie aus obigen Erkenntnissen ein Phantombild an. Der Umstand, daß Sie wahrscheinlich auch zeichnerisch nicht gerade begabt sind, kommt einem *Phantom*bild nur entgegen.

Allein durch die klare Formulierung Ihrer Ziele ergeben sich viele positive Veränderungen ganz *automatisch*. Ab sofort werden Ihnen in Frage kommende Partner verstärkt auffallen. Sie kennen das sicher: Kaum interessiert man sich für eine neue Sache, etwa für eine neue Automarke, schon stechen einem Wagen dieses Typs ununterbrochen ins Auge. Man wundert sich wahrhaftig, wie viele solche *Typen* es gibt.

Von eminenter Bedeutung sind auch die durch die Zielsetzung nun möglich gewordenen Schlußfolgerungen in Sachen *Revierwahl*. Je nach Eigenschaften oder Gewohnheiten des eben konstruierten Partners können Sie problemlos ableiten, wo sich Menschenopfer dieser Art am ehesten aufhalten: Strebsame in Weiterbildungskursen, Taube in Discos, Hübsche auf Modenschauen, Klassische bei Konzerten, Bewegliche auf Sportplätzen, Unholde in Strafanstalten oder Liebevolle in Stundenhotels.

Beginnen Sie vorab schon einmal mit der Erforschung des *Territoriums*, in dem Sie Ihre Opfer demnächst *terrorisieren* werden. Nur noch ein paar Schritte, und die Jagd kann beginnen. *Wildmannsheil.*

BEISPIELHAFTE ZIELSETZUNG MIT PHANTOMBILD:
„FRAU ELSE SUCHT GROSSHERZIGEN MANN."

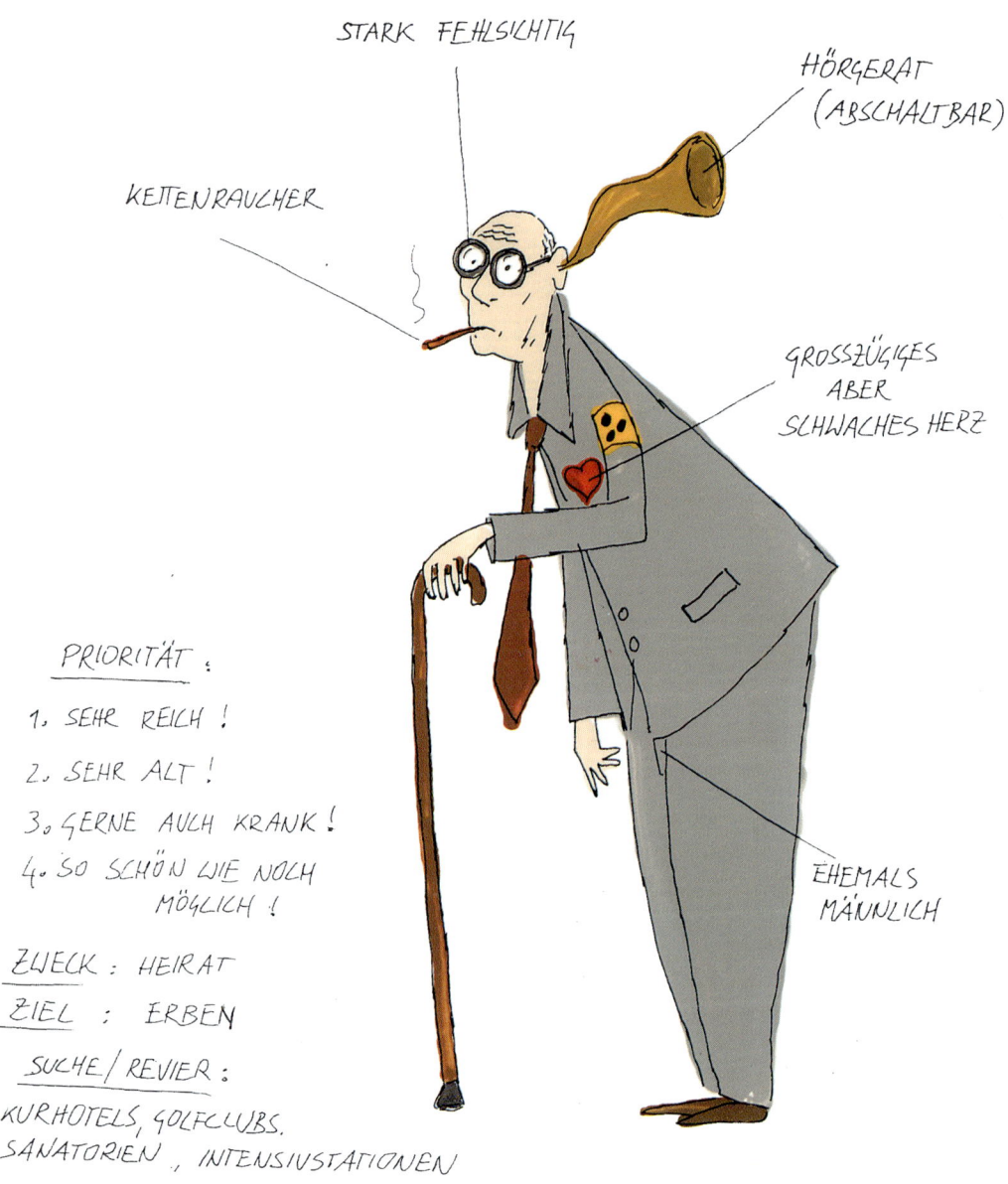

STARK FEHLSICHTIG

HÖRGERÄT
(ABSCHALTBAR)

KETTENRAUCHER

GROSSZÜGIGES
ABER
SCHWACHES HERZ

EHEMALS
MÄNNLICH

PRIORITÄT :

1. SEHR REICH !

2. SEHR ALT !

3. GERNE AUCH KRANK !

4. SO SCHÖN WIE NOCH
   MÖGLICH !

ZWECK : HEIRAT

ZIEL : ERBEN

SUCHE / REVIER :

KURHOTELS, GOLFCLUBS.
SANATORIEN , INTENSIVSTATIONEN

ZEITPLAN : ZU FINDEN UNBEDINGT VOR SEINEM ABLEBEN !!!

Angst

Keiner will sie – jeder hat sie: Angst! Spätestens dann, wenn er, im Meer schwimmend, mit einem Delphin spielt und nebenbei feststellt, daß es sich beim angeblichen Flipper um einen *Tigerhai* handelt. Doch gerade dieses Beispiel zeigt auf, daß Angst etwas durchaus Positives hat. Sie bewahrt den oben angeführten Schwimmer vor dem verhängnisvollen Fehler, mit dem falschen Delphin weiterzuspielen, und spornt ihn gleichzeitig zu ungeahnten schwimmerischen Leistungen an, um seinen Körper so schnell wie möglich ins Trockene zu bringen. Der richtige Umgang mit Angst ist deshalb ein weiterer wichtiger Schritt in Richtung problemloses Aufreißen.

Schon für unsere Vorfahren war Angst eine überlebenswichtige Eigenschaft. Einem Steinzeitjäger, der statt einer hüpfenden Gemse einem heulenden Wolf begegnete, schossen, ausgelöst durch die Todesangst, Unmengen Adrenalin ins Blut. In Sekundenbruchteilen war der *Jägermeister* in höchster Alarmbereitschaft, angespannt, hochkonzentriert und somit fähig, den Wolf zu erlegen oder diesem zumindest heldenhaft im Kampf zu erliegen. Ohne diese Angst wäre der gemütlich durch den Wald schlendernde, an nichts anderes als an hüpfende Gemsen denkende Jäger dem Wolf völlig lethargisch gegenübergestanden und diesem mit einem unvergeßlichen Ausdruck von Zufriedenheit und Gleichgültigkeit im Gesicht, beinahe genüßlich, zum Opfer gefallen.

Neben der ganz natürlichen, positiven, aktivierenden Angst existieren auch die negativen, weil lähmenden Ängste, deren Ursachen vielfältig sind. Vielleicht hat man als Kind zuviel Horrorfilme à la „Ein Schloß am Wörthersee" gesehen oder wurde nach einem überstandenen Absturz mit dem Flugzeug im nächsten *nachträglich* entführt.

Jeder Mensch hat seine spezifischen Ängste: Nichtchristen die *Heidenangst*, Katholiken die *Höllenangst*, angeführter Jäger die *Todesangst*. Ich zum Beispiel leide unter der Furcht, in meinem ganzen Leben nie von einer wunderschönen, leidenschaftlichen Frau mißbraucht zu werden.

Erwiesenermaßen und statistisch belegbar trifft man bei harmlosen Eroberungsversuchen eher selten auf Zombies, Terroristen

46

oder Massenmörder. Das Unangenehmste, das einem passieren kann, ist, von angesprochenen Opfern schallend ausgelacht, wortlos ignoriert oder lautstark beschimpft zu werden. Da all diese Unannehmlichkeiten gar nicht so grausam erscheinen, stellt sich die Frage, woher die Aufriß-Angst rührt.

Die Unsicherheitstheorie

Wie im Vorwort schon einmal kurz angeschnitten, zählt das Erobern zu den Dingen, die erlernt werden müssen. Hätten Sie schon so oft Menschen aufgerissen wie Ihre Notdurft verrichtet, Sie hätten mit Sicherheit keine Hemmungen mehr. Oder denken Sie an Ihre sexuellen Aktivitäten: anfängliche Furcht wich routinemäßiger Ausführung. Die Schlußfolgerung: Unsicherheit resultiert häufig aus mangelnder Routine. Deshalb gilt auch hier:
Übung macht den Meister!

Der Routinier oder der „Strichjunge"

Die Annahmetheorie

Der ängstliche Mensch, im folgenden kurz Angsthase genannt, neigt dazu, negativ vorauszudenken. Er beobachtet ein Opfer, sieht dieses lachen und nimmt an, es lache über ihn. Er lernt das Subjekt zusammen mit einem Bekannten dennoch kennen und nimmt im folgenden an, es liebäugle mehr mit seinem Bekannten. Trotz aller falscher Annahmen gelingt es dem Angsthasen, das Objekt nach Hause abzuschleppen. Nun nimmt er selbstverständlich an, im Bett kein unbedingtes „Hoch" haben zu werden. Aufgrund letzterer Hypothese dürfte sich seine Vorahnung in der Praxis auch bestätigen. Dem mitdenkenden Leser drängt sich indes die Frage auf, warum man nicht wenigstens so lange den positiven Fall annimmt, bis der negative wirklich eintritt.

So nahm ich beispielsweise dreißig Jahre lang jeden Abend vor dem Einschlafen an, daß mich nächtens ein Einbrecher unangemeldet besuchen werde und hatte dreißig Jahre lang davor Angst. Seit Hitchcocks „Psycho" vermutete ich weiters, beim Duschen, insbesondere während des Haarewaschens mit geschlossenen Augen, auf rücksichtsloseste Art und Weise hinterrücks erstochen zu werden. Bis ich eines Tages beschloß, meine Annahmen dahingehend geringfügig abzuändern, daß mich weder ein Einbrecher noch ein Mörder aufsuchen würde, sondern, wenn überhaupt, ein hocherotisches, wohlgeformtes *Wesen*, das mit meinem *festen Mitarbeiter* dann unablässig sein *Unwesen* treiben würde. Neuerdings macht sich allerdings bei mir die paradoxe Angst breit, daß dieser Besuch nie stattfinden wird.

Es reicht also allemal aus, erst dann Furcht zu haben, wenn eine *fürchterliche* Situation real eintritt. Ebenso ist es unnötig, sich schon dreißig Jahre lang vorher zu ängstigen.

Resümee: Ändern Sie Ihr negatives Vorausdenken. Nehmen Sie beim Aufriß immer an, Ihr Versuch werde klappen, und sparen Sie sich Ihre Angst für den Fall auf, daß das begehrte Objekt Sie vor all Ihren Bekannten lauthals auslacht, Sie in schrillem Ton als ekelerregenden, aufdringlichen Abschaum beschimpft,

Ihnen Ihr eigenes Glas Wein ins Gesicht schüttet (zusätzlicher finanzieller Verlust!) und schließlich, wenn Sie, bedingt durch *lähmende* Angst, noch immer nicht die Kurve gekratzt haben, hysterisch um Hilfe schreit.

Die Wiederholungstheorie

Menschen neigen zur Vermutung, daß sich alles Schlechte wiederholt. Führte einst ein Fischgericht zu einer Fischvergiftung, befürchtet man beim Verzehr von Fisch lebenslang eine Wiederholung. Ausnahmen bilden hier fast ausschließlich *Erlebnisse* mit tödlichem Ausgang, wie das Nichtöffnen eines Fallschirms.

Wiederholungsängste wirken oft erdrückend

Natürlich hat beinahe jeder Mensch das eine oder andere Mal auch unangenehme Erfahrungen bei Eroberungsversuchen gemacht. „Gehst du heute abend mit mir aus?" – „Wie bitte? Haha, mit dir, das ist der Witz des Tages, haha, schau doch mal in den Spiegel, hahaha . . ." Es ist aber völlig unrealistisch und ebenso unwahrscheinlich, daß sich eine solche Begebenheit ständig wiederholt. Test: „Gehst du heute abend mit mir aus?" – „Wer, ich? Du hast sie wohl nicht alle, ich mache mich doch mit dir nicht lächerlich!"

Fazit: Nur Mut. Die Wahrscheinlichkeitsrechnung spricht nach vielen negativen Erfahrungen eindeutig für Sie.

Die Angst vor dem Ungewissen

Menschen wie Sie sind *Gewohnheitstiere* und lassen sich meist nur ungern auf Abenteuer mit ungewissem Ausgang ein. Könnte ja sein, das Opfer verfügt über legendären Mundgeruch, aufdringliche Bazillen oder *magenhafte* Blähungen. Oder es macht Sie erst versehentlich an wie einen tollen Hecht und läßt Sie dann fallen wie eine heiße Kartoffel. Womöglich hat es auch einen eifersüchtigen Freund Marke Schwarzenegger.

Resümee: Probieren geht über Studieren. Alles ist möglich. Und: Kenntnisse in Selbstverteidigung schaden nie.

Die Angst vor dem Korb

Es gibt Tausende Gründe für einen Korb. Die meisten davon haben allerdings nicht das geringste mit Ihnen persönlich zu tun und müssen Sie demzufolge auch nicht belasten. Das zumindest sollten Sie sich ununterbrochen einreden. Das *angemachte* Opfer

○ hat möglicherweise gerade eine schmerzhafte Trennung hinter sich und möchte deshalb lieber alleine sein;

- ○ hat soeben einen empfindlichen Verlust im Kasino hinnehmen müssen;

- ○ ist hochschwanger auf dem Weg ins Krankenhaus und hat demzufolge auch für Sie relativ wenig Zeit;

- ○ steht unter LSD-Konsum und sieht Sie wie durch ein Fischauge, was Ihrem Aussehen zwar nicht schadet, Sie aber in ein schiefes, verzerrtes Licht rückt;

- ○ ist so schüchtern, daß es – obwohl Sie ihm ausgesprochen gut gefallen – sprachlos ist;

- ○ hat heute einen schlechten Tag. Zuerst verschlafen, dann der Unfall – und jetzt Sie! Was zuviel ist, ist zuviel. In diesem speziellen Fall sind leider *Sie* zuviel.

- ○ hat Angst vor Ihnen. Es hält Sie fälschlicherweise für eine unglaublich tolle Person, gut aussehend, intelligent, erfolgreich. Es möchte sich keine Blöße geben und übt sich wohl oder übel in Verzicht.

Die Angst vor dem Versagen

Aus demselben Grund, der Ihnen im letzten Beispiel zu einem Korb verhalf, haben *komplexe* Eroberer manchmal selbst Angst, ihr auserwähltes Opfer zu erstürmen. Die angepeilte Person wirkt vielleicht *zu* gut aussehend, *zu* selbstbewußt, *zu* erfolgreich und *zu* extravertiert. Diese Umstände wiederum können sich schädlich auf den latenten Minderwertigkeitskomplex des Aufreißers auswirken. „Was habe *ich* schon Besonderes zu bieten?" Resümee: Sie haben sehr wohl etwas Besonderes – einen Minderwertigkeitskomplex. Nützen Sie ihn.

Die Angst vor der Angst

Sie entdecken ein interessantes Wesen und werden von der Angst überfallen, nicht den Mut für eine Eroberung aufzubringen. Diese Furcht lähmt all Ihre weiteren Überlegungen und erstickt das Aufreißen im Keim. Sie haben Angst vor der Angst, keinen Mut zu haben. Die fehlende Courage, fürchten Sie ebenfalls, könnte in weiterer Folge Ihre ursprünglich professionelle Masche zur lächerlichen Farce und Sie zum Narren werden lassen.

Trotzdem: Riskieren Sie es. Das einzige, was Sie eventuell verlieren, ist Ihr Gesicht. Und das könnte, ohne es zu kennen, durchaus zu Ihrem Vorteil sein.

Alle hier beschriebenen Aufrißängste – und, keine Angst, diese Auflistung ist bei weitem nicht vollständig – sind, genauer betrachtet, einfach lächerlich im Vergleich zu *wirklichen* Ängsten, wie die vor fetten Spinnen oder einem riesigen Berg ungespültem Geschirr mit eingetrockneten Speiseresten. Welche der angeführten Aufrißängste Sie auch immer quälen mögen (wahrscheinlich alle), denken Sie daran: Ihre Angst ist eine wichtige, mobilisierende Kraft. Wie der Jäger einst seinen Wolf heldenhaft besiegte, so werden Sie schon bald Ihr Wild erlegen und dadurch zum Opfer, zur begehrten Trophäe machen. Die Sie beschämenden, weil *lähmenden* Ängste werden wir im nächsten Kapitel gemeinsam überwinden lernen. Sie werden sich wundern, wie schnell ich Sie aus dem Rollstuhl hole.

Jetzt haben wir aber genug von Angst gesprochen. Je länger man nämlich über Angst spricht, je mehr bekommt man davon. Fürchterlich. Bitte machen Sie, falls Sie im Bett lesen und jetzt aufhören sollten, nicht das Licht aus. – Ab sofort reden wir nur noch von Mut.

Mut proben

Erinnern Sie sich noch, wie rotzfrech Sie als Kind manchmal waren? Wie un-*gezwungen*? Wie über-*mütig*? Wie mutig? Wie Sie Tag für Tag Dinge angestellt haben, die Sie heute, nachdem Sie erwachsen beziehungsweise *vernünftig* geworden sind, nie mehr tun oder, besser gesagt, nie mehr wagen würden? Ja, ja, das waren schöne Zeiten, als Sie noch *jung und dumm* waren. Aber dann gab es da auch Ihre Sie *umerziehenden* Eltern, Ihre lebenserfahrenen Verwandten, die neunmalklugen Bekannten und die allmächtigen Lehrer, die es paradoxerweise alle gut meinten und Ihnen mit umsorgenden Rat-*Schlägen* und Verboten Woche für Woche Ihr kleines Rückgrat brachen, bis auch Ihr letzter Funke Risikofreude in gesellschaftstaugliches Benehmen umfunktioniert wurde. Seither sind Sie, ob Sie es wahrhaben wollen oder nicht, ein ganz gewöhnlicher Mensch, ein *genormter Normaler*. Stimmt's, oder stimmt's nicht doch? Wann haben Sie denn zum letztenmal jemandem einen verrückten Streich gespielt, im Büro Purzelbäume geschlagen oder vor Freude barfuß im Regen auf der Straße getanzt, ohne dabei überfahren worden zu sein?

Verzweifeln Sie jetzt nicht an sich. Sie haben Ihren Schneid nicht unwiederbringlich verloren, sondern nur vorübergehend verlegt wie einen Schlüsselbund. Jetzt werden wir Ihren Mut wieder Schlüssel für Schlüssel aus der verkalkten Hirntruhe ausgraben, in die ihn die *gute Gesellschaft* damals vorsorglich fürsorglich gesperrt hat. Diese archäologische Ausgrabung erfolgt allerdings nicht mittels völlig unsinniger, halsbrecherischer Mutproben, wie etwa eines winterlichen Sprungs vom Zehnmeterbrett in das *irrtümlich* zugefrorene Schwimmbecken, sondern durch kontinuierliches *Proben* von Mut. Mut *proben* oder Mut *üben* also lautet das Erfolgsgeheimnis.

Das Ganze ist so ähnlich wie das *Schulbeispiel* mit der englischen Sprache. Einst hat man sie beherrscht, aber seither nie mehr richtig gesprochen. Sie ist nicht ganz weg, aber auch nicht richtig da. Sie ist nicht im Kopf, aber irgendwo im *Hinterstübchen*. Ein paar Gedankenstützen, ein paar Erinnerungsübungen, und, siehe da, nach und nach rückt das eine oder andere englische Vokabel wieder ins schlechte Gedächtnis. „Yes. Ei cood spiek Inglisch matsch good but now Ei cännot riemember ät all. Änd sou Ei let it lover bi!" *Sou* handeln viele. Sie wissen, daß sie es einmal konnten und vielleicht noch immer könnten, wenn sie es nur hin und wieder üben würden. Doch sie lassen es sicherheitshalber lieber sein, bevor sie sich womöglich blamieren. Sie gehen, um beim schlechten Gedächtnis zu bleiben, auf „namber schur", auf „Nummer sicher".

Sie allerdings – jetzt meine ich wieder *Sie* ganz persönlich, verstecken Sie sich nicht hinter Ihrem guten Buch –, Sie werden den in Ihnen schlummernden Mut mittels Mut-*Proben* umgehend reaktivieren, um schon in wenigen Wochen der gefürchtetste Aufreißer zwischen Berlin und New York, zwischen Zagersdorf und Hinterbrühl zu sein. Mit einer deftigen Portion Mut wird Ihnen die Welt schon bald zu Füßen liegen.

Mutübungen

Suggestionen

Suggestionstechniken funktionieren, wenn überhaupt, ganz einfach: Sie reden sich so lange etwas x-beliebiges ein, bis Sie so verwegen sind, es auch tatsächlich zu glauben. Das heißt, Sie machen sich so lange ein X für ein U vor, bis es ein eindeutiges X für Sie ist. Oder aber Sie sind eigentlich bereits ein X, fühlen sich jedoch wie ein U und polen sich durch x-Suggestionen wieder zum X.

Da Sie inzwischen Ihre vermeintlichen Schwächen und schwachsinnigen Ängste kennen- und liebengelernt haben, können Sie aufgrund dieser Erkenntnisse nun persönliche Suggestionstexte erstellen, die speziell auf Ihre Problematik eingehen. Vermeiden Sie jedoch negative Worte und Aussagen. Schreiben Sie beispielsweise nicht: „Ich habe keine *Angst.*" Allein das Wort Angst könnte Ihrem Unterbewußtsein den Schweiß auf die Stirn treiben. Schreiben Sie statt dessen: „Ich habe Mut", oder: „Ich bin mutig." Notlügen sind in Ihrem Fall nicht nur erlaubt, sondern unumgänglich.

Falsch

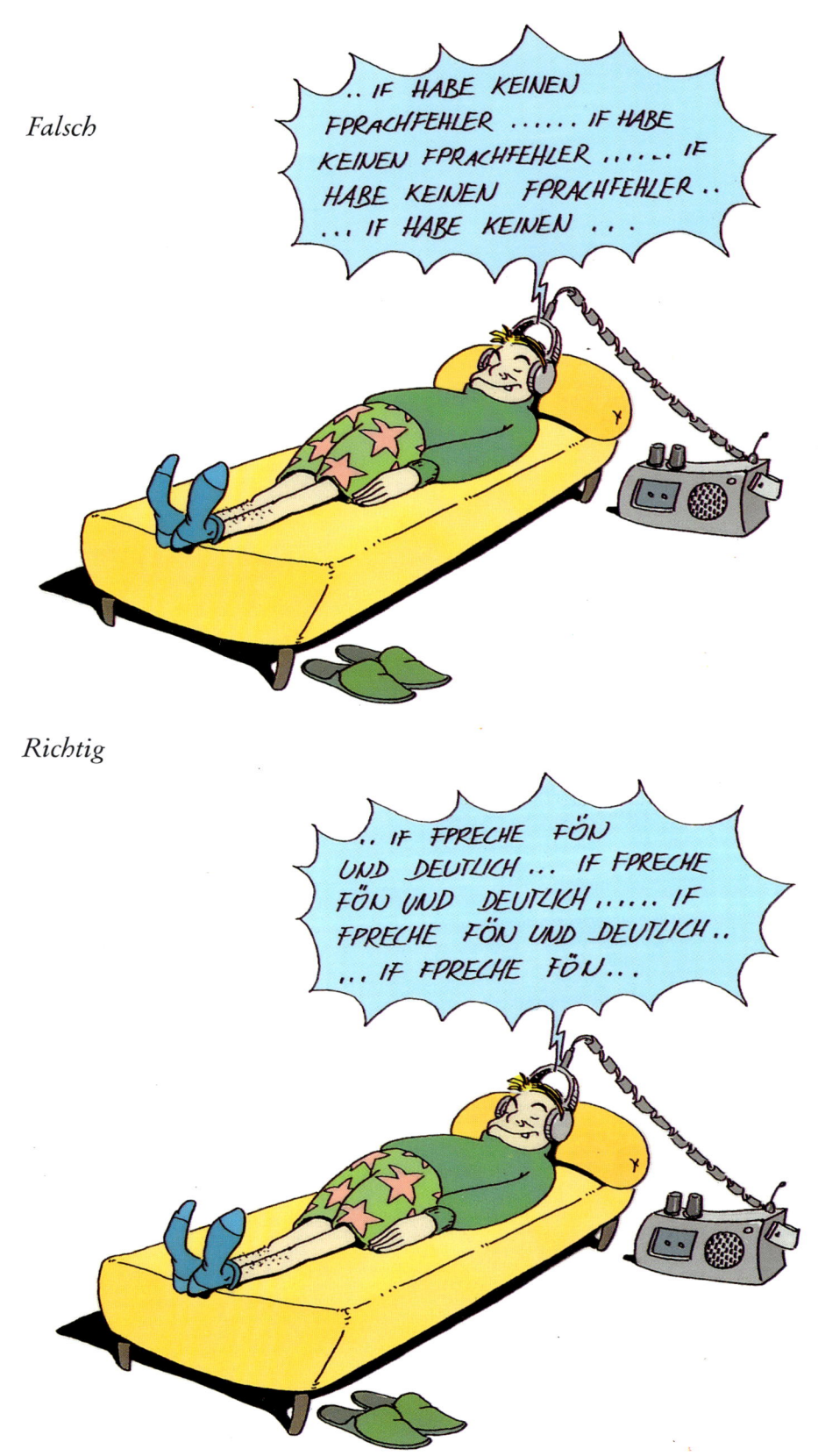

Richtig

Suggestionen für Tonbandkassetten

Sprechen Sie Ihre selbst, hoffentlich grammatikalisch richtig, entworfenen Texte oder die nachfolgenden *beispielhaften* Sätze ruhig, langsam und mit kurzen Pausen (2–3 Sekunden) mehrmals hintereinander auf eine Tonbandkassette (Gesamtlänge ungefähr 20 Minuten). Klingt Ihre Stimme, auch wenn Sie diese neuerdings lieben, für Sie unerträglich, bitten Sie einen Freund darum.

Achtung: Lassen Sie die folgenden Zusatzbemerkungen in Klammer unbedingt außer acht. Diese sind frei erfunden. Ähnlichkeiten mit lebenden Lesern sind unbeabsichtigt und nur rein zufällig zutreffend.

Beispielhafter Text:

Ich bin ganz locker und entspannt, sicher und souverän, mutig und konsequent. (Konsequent daneben!)

– Pause. Satz wiederholen. Pause –

Ich liebe mich, meinen (schlappen) Körper, meine (fehlenden) Stärken und meine (zahlreichen) „Schwächen".

– Pause. Satz wiederholen. Pause –

Ich sehe (im Dunkeln) sehr gut aus. Besser als viele andere. Ich wirke (peinlich) auf Menschen. Und wie!

– Pause. Satz wiederholen. Pause –

Ich spreche Frauen/Männer spontan an. Sie wollen (beziehungsweise befürchten), daß ich sie anspreche.

– Pause. Satz wiederholen. Pause –

Menschen um mich herum stören mich dabei nicht, sind mir ganz egal. (Ich bin den Menschen noch egaler als sie mir.)

– Pause. Satz wiederholen. Pause –

Alle meine Annahmen und Gedanken sind positiv und (fälschlicherweise) optimistisch.

Verdunkeln Sie, wenn möglich, den Raum, schließen Sie die Augen und entspannen Sie sich, bevor Sie dem Tonband via Kopfhörer lauschen. Sprechen Sie die Sätze in Gedanken nach und sehen Sie sich dabei bildlich so handeln, wie Sie es sich einreden. Wenn Sie diese Suggestionsmethode in entspanntem Zustand über mehrere Wochen hinweg täglich praktizieren ohne zu vergessen, die in Klammern angeführten Ergänzungen wegzulassen, werden sich bald spürbare Veränderungen, in welche Richtung auch immer, ergeben.[1]

Die suggestive Kurzformel

Diese praktische, weil kurze Suggestionsformel sollten Sie sich mehrmals täglich, in nüchternem, wachem Zustand, in den Kopf setzen. Sie können sie auch auf mehrere Notizzettel schreiben und diese als Gedächtnisstützen über dem Bett, im Terminkalender, auf dem Autolenkrad, an der Wohnungstüre, im Kühlschrank oder Backrohr anbringen. Lediglich in der Waschmaschine dürften die Notizen nachteilige Folgen mit sich bringen. Wiederholen Sie die Kurzformel, so oft Sie daran denken, mal laut und deutlich, mal in Gedanken, bis sie Ihnen in Fleisch und Blut übergegangen ist.
Entnehmen Sie dem obigen Suggestionsbeispiel die für Sie wichtigsten Kernaussagen, ergänzen Sie diese mit Ihnen am Herzen liegenden zusätzlichen Inhalten und bilden Sie daraus eine kurze, vier- bis sechszeilige Formel. Und bitte wieder nicht vergessen, die aufheiternden Zusatzbemerkungen in Klammern zu ignorieren.

Ich liebe meine vermeintlichen „Schwächen".
Ich wirke (lächerlich) auf Menschen. Und wie.
Ich spreche Frauen/Männer spontan an. Einfach so.
Ich bin mutig. Ich bin laut. Laut!!!
Meine Annahmen und Gedanken sind (grundlos) optimistisch.

[1] Siehe Franz Kafka, „Die Verwandlung".

Der suggestive „Anti-Frosch-Kleber"

Sie kennen das: Man will den Chef um eine rigorose Gehaltserhöhung bitten, der unfreundlichen Telefonistin die Meinung sagen oder eben einem Opfer den Garaus machen. Aber: man traut sich nicht, hat einen „Frosch im Hals".

Das „SEI KEIN FROSCH"-Etikett eignet sich deshalb vorzüglich zum Aufkleben an den Stellen, wo es bitter nötig ist: auf der Innenseite der Brieftasche, damit Sie beim Zahlen der Rechnung nicht den überhöhten Preis zu erwähnen vergessen, im Terminkalender, um beim nächsten Zahnarzttermin Ihren aufgestauten *Unmut* im Hinblick auf allfällige Schmerzen wegen unglaublichem Dilettantismus Luft zu machen („Auf den Mond fliegen kann man, aber ein paar lächerliche Wurzelbehandlungen ohne *zerfleischende* Schmerzen . . .!!!"), oder auf dem Telefonhörer, für den nötigen Mut, die nächste erotische Stimme mir nichts dir nichts zum unverbindlichen Beischlaf einzuladen.

Der mit Schere und Klebstoff zum Aufkleber mutierbare Hüpfer wird Sie ständig auffordern, mutig zu sein, um nicht das zu werden, was er bereits ist: ein Frosch!

Illustration ausschneiden, aufkleben und ein neues,
unzerschnipseltes Buch kaufen

Befreiung von Zwängen

Begehen Sie übungshalber „Frechheiten", die Sie freiwillig nie begehen würden. Beginnen Sie mit einfachen Befreiungsübungen und steigern Sie diese nach und nach, so daß sie Ihnen immer ein wenig mehr Mut abverlangen. Fahren Sie, wenn es Ihnen schwerfällt, vorübergehend ohne Ticket mit der Straßenbahn (Bus, Bahn), *turteln* Sie mit einer Schaufensterpuppe durch die Stadt, hüpfen Sie singend durch die Straßen, kaufen Sie in der Apotheke einen Jahresvorrat an Verhütungsmitteln aller Art. Tauchen Sie nicht mehr in der Masse unter, fallen Sie auf, seien Sie laut. LAUT! Drücken Sie beim nächsten Treffen mit einem Ihnen gut bekannten Opfer, auf das Sie schon lange scharf sind, Ihre Wünsche endlich klar aus: „Sicher können wir wie die letzten zwölf Jahre wieder übers Wetter sprechen, aber eigentlich würde ich dich viel lieber zärtlich auf den Schreibtisch werfen und mit dir Sachen treiben, von denen dein Ehepartner nicht im entferntesten träumt." Und stöhnen Sie *um Himmels willen* beim Sex lauter als Thomas Muster oder Monica Seles beim Tennis. Das befreit Sie von inneren Zwängen und läßt Sie schon bald mehr Spaß an vielem haben. Letztere Übung können Sie natürlich auch partnerlos als *Selfmade-Mensch* trainieren.

Überlegen Sie ganz einfach, was Ihnen schwerfällt. Was Sie immer schon gerne getan hätten, aber bisher noch nie gewagt haben. Es bietet sich mit Sicherheit eine ganze Reihe von nicht gesellschaftsfähigen *Unsitten* an. Wenn Sie sich des öfteren absichtlich *blamieren*, verlieren Sie sehr rasch die Korb-Angst und stellen zudem fest: Frechheit siegt!

BLAMIERE DICH TÄGLICH, ABER NICHT UNUNTERBROCHEN.

Überwindung von Menschenscheu

Sprechen Sie ab sofort alles an, was sich bewegt, alles, was nicht niet- und nagelfest ist: vom streunenden Hund bis zur versteinerten Skulptur, von der Kuckucksuhr bis zum Fernsehmoderator, aber vor allem: lebende Menschen! Sprechen Sie ohne bestimmten Grund so viele Personen an, wie Ihnen gerade noch erträglich. Ob hübsch oder häßlich, dick oder doof, dumm oder dämlich, arm an Intellekt oder reich an Pilzen spielt keine Rolle. Fragen Sie sie nach der Ihnen bekannten Uhrzeit, nach Ihrem Heimweg, der Post, der nächsten Peepshow („Frechheit"), nach Gott und der Welt. Kaufen Sie, falls Sie Raucher sind, keine Zigaretten mehr. Schnorren Sie welche von vorwiegend *Wild-Fremden*. Dadurch gewöhnen Sie sich entweder daran, Menschen anzusprechen, oder Sie gewöhnen sich das Rauchen ab. Reden Sie den Leuten Löcher in den Bauch. Erzählen Sie dem Pennbruder am Bahnhof die Geschichte, wie Sie selbst fast zum Penner wurden, weil Sie früher immer *verpennt* haben, plaudern Sie mit dem Bäcker über Ihren nächsten Luxusurlaub in Jesolo.

Setzen Sie sich in öffentlichen Verkehrsmitteln, in Wartesälen, in Lokalen, nie mehr an *menschenleere* Tische. Wählen Sie in Ruhe denjenigen Platz aus, an dem die Ihrer Meinung nach attraktivsten Opfer sitzen. Fragen Sie im Café, so noch ein Stuhl frei ist: „Darf ich mich dazusetzen oder störe ich?" Natürlich stören Sie, aber das darf Sie eben nicht mehr stören.

Mit diesen leichten Ansprechübungen verlieren Sie rasch die Scheu vor Erstkontakten mit späteren Opfern und trainieren gleichzeitig Smalltalk vom *Allerletzten*.

Die Augen-Blick-Übung

Wann immer Sie mit Menschen Kontakt aufnehmen, schauen Sie ihnen dabei in die Augen, *Baby*. Erstens gehört sich das so, zweitens gibt es nichts Schlimmeres als Leute, die, während sie mit einem sprechen, immer in der Gegend herumschauen. Drittens ist Augenkontakt in Sachen Aufriß schon die halbe Miete. Und das, bitte, heißt was, bei den heutigen Mietpreisen.

Traumhafte Wunschmeditation

Diese Übung ist Balsam für Körper, Geist und Seele. Sie macht Sie ruhig und ausgeglichen, stärkt Ihr Selbstvertrauen und aktiviert das positive Denken. Wichtig ist lediglich, daß Sie sich während der Übung sehr tief entspannen. Ziehen Sie sich also zurück und träumen Sie *wie immer* vor sich hin.

Sie spielen jetzt die Hauptrolle in Ihrem Wachtraum. Beobachten Sie in Gedanken, wie Sie mit scheinbar schwierigen Situationen spielend fertigwerden. Sprechen Sie ein Opfer an, ganz locker und entspannt, sicher und souverän. Sie lächeln, Sie plaudern, sie scherzen. Es geht Ihnen gut dabei, Sie fühlen sich *pudel*wohl. Sie essen *Frolic*.

Stellen Sie sich ganze Abende bildlich vor. Die Party, auf die Sie morgen eingeladen sind. Wie Sie dort ankommen, ganz locker und entspannt. Wie Sie eintreten in den Raum voller Menschen, sicher und souverän. Sie freuen sich, so viele Menschen zu sehen, den einen oder anderen nun kennenzulernen.

Augen-Blick-Trockenübung

Sehen Sie dem Objekt wiederholt
60 Sekunden lang ausschließlich in die Augen.
Diese befinden sich über dessen Hals!

Sie gehen auf die Menschen zu, sprechen die, die Sie interessieren, spontan an. Sie spüren, daß Sie sehr sympathisch auf die Leute wirken. Sie bemerken, daß man Sie beobachtet. Sie fallen auf. Besonders den Begleitern Ihrer Opfer.

Ihre Träume verselbständigen sich. Sie sind immer noch auf der Party. Sie sehen ein bezauberndes Subjekt, drehen sich *beschwingt* nach ihm um. Dabei rempeln Sie aus Versehen den Kellner an. Das vollbeladene Tablett fällt klirrend zu Boden. Wie gesagt: Sie fallen auf. Sie entschuldigen sich, lächelnd, ohne peinlich berührt zu sein. Schließlich kann das jedem Tolpatsch passieren. Sie verfolgen Ihr Traumopfer. Es huscht in den Garten. Sie huschen nach, stolpern über den Grill und fallen unglücklicherweise in den Pool. Damit sind Sie jetzt auch endlich Ihrem Traumopfer aufgefallen. Es lächelt Sie (mitleidig) an. Sie schwimmen im lässigen Delphinstil an den Beckenrand, das begehrte Objekt hilft Ihnen heraus. Durch eine weitere unbedeutende Ungeschicklichkeit Ihrerseits fallen Sie zurück in das Wasser. Diesmal allerdings gemeinsam mit Ihrem Opfer. Dieses kann nicht schwimmen, Sie auch kaum. Sie retten es dennoch und *ziehen es* in klassischer Aufreißermanier gekonnt *an Land*. Sie sind der Held des Abends. Man nennt Sie fortan den „Träumer"! Vom geretteten Objekt erhalten Sie als Zeichen der Dankbarkeit den liebevollen Kosenamen „Wasserratte!"

Positive Wunschmeditationen sind also Wachträume, in denen Sie sich Situationen aussetzen, die Ihnen derzeit noch Schwierigkeiten bereiten, wie etwa das Ansprechen fremder Individuen. Je öfter Sie diese Situationen gedanklich durchlaufen und dabei souverän lösen, desto leichter werden Sie diese auch in Wirklichkeit meistern. Ich selbst bereite mich mit solchen Meditationen mit sehr großem Erfolg auf gelegentliche Ansprachen, noch seltenere Fernsehauftritte oder gänzlich fehlende Filmhauptrollen in Hollywood vor.

Ein zusätzlicher Vorteil der Wunschmeditation: Die vielen positiven Bilder erzeugen in Ihnen eine angenehme, anhaltend optimistische Stimmung voller Selbstvertrauen und Harmonie.

Die Selbst-Erfindung

Sie haben sich inzwischen besser kennengelernt, Sie geben sich jetzt unausstehlich, wie Sie sind, lieben sich selbst mehr als angebracht, schätzen Ihre Ängste richtiger ein, so daß Sie nicht mehr ohne Teddybär einschlafen können, und gleichen *mutigerweise* dem tapferen Schneiderlein. Wunderbar. Jetzt, wo Sie sich innerlich wiedergefunden haben, dürfen Sie sich mittels Einflußnahme auf Ihr Körperdesign, Outfit, Styling und Image äußerlich neu *erfinden*.

In Kürze, sobald Sie auf die Pirsch gehen, sind Sie ein Produkt auf dem freien Markt. Dort entscheidet einzig und allein das Verhältnis zwischen Angebot und Nachfrage. Sie haben es jetzt selbst in der Hand, Ihren Marktwert zu erhöhen und die Nachfrage nach Ihnen ins Unerträgliche zu steigern. Geben Sie dem Produkt – sprich: sich selbst –, was es braucht, um sich so teuer wie möglich an den *Meistbietenden* zu verkaufen.

Dem neugierigen Leser wird sich nun die Frage stellen, welche marketingstrategischen Maßnahmen ein Produkt namens Aufreißer benötigt, um neben all der Konkurrenz am Markt nicht nur bestehen, sondern sogar bestechen, im Sinne von herausstechen, zu können.

Das Design: Ihr Körper

Sicher, Schönheit ist etwas Subjektives. Sicher ist aber auch jeder Mensch auf seine eigene Art und Weise *irgendwo* schön und findet *irgendwann* einen Menschen, der das *irgendwie* auch so empfindet. Aber selbst natürliche Schönheit kann in den meisten Fällen verbessert werden.

Hat Ihnen beispielsweise einmal jemand einen Zahn ganz natürlich ausgeschlagen, können Sie erwägen, *natürlich* zahnlos zu bleiben oder den Zahn natürlich zu ersetzen. Ihren schlaffen Körper können Sie so belassen oder durch regelmäßiges Training straffen. Die schlampige Haltung können Sie *behalten* oder verbessern. Den *gerstigen* Bierbauch können Sie weiter gären lassen oder entschlacken. Ihren speierestedurchsetzten

Natürliche Schönheit kann natürlich verbessert werden

Schnurrbart können Sie weiter vor sich hin schimmeln lassen[1] oder aber putzen oder, falls Sie *eher* weiblich sind, stutzen. Ihre Haarpracht können Sie gestalten wie Struwwelpeter, selbst wenn Sie Petra heißen. Ja Sie können sogar noch weiter gehen und sich, wie einst Rapunzel, einen Zopf knüpfen und diesen mit Butter und Honig bestreichen. Wundern Sie sich dann allerdings nicht, daß die Nachfrage nach *Zopf* mit Butter und Honig im zwischenmenschlichen Bereich nicht allzu groß ist. – Nein!!!, auch nicht mit Senf und Marmelade!

Wenn Sie also vom Mauerblümchen zum Paradeaufreißer mutieren wollen, bringen Sie Ihren Körper mit allem *Drum- und Dranhängenden* soweit wie menschenmöglich auf Vordermann, damit Sie sich in Ihrer Haut wohl fühlen, sich zumindest selbst gefallen (Selbstwert) und annehmen dürfen, daß Sie mit Ihrer optischen Erscheinung auch anderen Mitmenschen mehr oder weniger imponieren, beziehungsweise diese zumindest nicht in die Flucht schlagen. Sollte dieser *chirurgische Eingriff* aus welchen Gründen auch immer nicht möglich sein, erinnern Sie

---

[1] Achtung, Lebensmittelgesetze beachten.

sich an das „Liebeslied" in Schritt 2 und lieben Sie sich um Himmels willen als letzten Ausweg so, wie eventuell Gott Sie schuf.

Die Verpackung: Ihre Kleidung

Was sticht Ihnen als erstes ins Auge, wenn Sie ein Parfüm kaufen? Richtig, die Verpackung. Noch bevor Sie das Design der Flasche, ihren *Körper*, sehen, und noch lange bevor Sie an den *inneren Werten* schnuppern dürfen, haben Sie fast „automatisch" nach dem Parfüm gegriffen, dessen attraktive Verpackung Ihnen zuerst aufgefallen ist. Die Verpackung ist demzufolge ein entscheidendes Kriterium im ersten Stadium des professionellen Aufrisses. Sie gibt den wesentlichen Ausschlag, ob Sie vom Opfer in der Entdeckungsphase als attraktive Person oder als *alte Schachtel* eingestuft werden.

Verkleiden Sie sich nicht. Sie müssen sich wohl fühlen in Ihrer zweiten Haut. Tragen Sie die Kleidung, von der Sie glauben, daß sie am besten zu Ihnen paßt und Ihre Persönlichkeit widerspiegelt. Was nicht bedeuten muß, daß ein zerstreutes Geschöpf, um sich möglichst naturgetreu wiederzugeben, das Haus ohne Hose und mit verschiedenen Schuhen verlassen soll. Kleiden Sie sich doch am besten so, wie Sie sich bei der Wunschmeditation selbst gesehen und beeindruckt haben. Gutes Aussehen macht Sie nicht nur begehrter, sondern schenkt Ihnen zusätzliches Selbstvertrauen und Sicherheit. Und das werden Sie im Laufe dieses Buches noch bitter nötig haben.

Die Eyecatcher: Accessoires und Styling

Betrachten wir die Sache zuerst wieder aus der werblichen Perspektive. Das Produkt, auf das Sie in der Regel zuerst aufmerksam werden, ist mit einem Blickfang gekennzeichnet, zum Beispiel einem knallgelben Kleber mit der Aufschrift „Gratis!". Sie betrachten den Aufkleber auf der Verpackung näher und entdecken, daß man beim Kauf dieses Produktes, etwa eines

Shampoos, eine Probepackung Balsam kostenlos dazu erhält. Der Eyecatcher, der gelbe Aufkleber und das Accessoire, die Zugabe, sind der *Balsam* für Ihre Augen, der Sie neugierig macht.

Accessoires und Styling bieten Ihnen die Chance, Ihrer Individualität charakteristischen Ausdruck zu verleihen, um auf Ihre Opfer besonders auffallend und unverwechselbar zu wirken. Sie erinnern sich doch sicher noch an den Zopf mit Butter und Honig. So etwas vergißt man eben nicht so leicht.

Wer aus der Reihe fällt, fällt auf

Wählen Sie deshalb auch die Accessoires passend zu Ihrer Persönlichkeit äußerst sorgfältig aus. Haare in oranger Leuchtfarbe beispielsweise machen Sie schon aus der Ferne gut sichtbar,[1] eine Brille mit solarbetriebenem Scheibenwischer originell und umweltbewußt, eine goldene Taschenuhr traditionell, durch Nasenringe mutieren Sie vom Geborenen zum Eingeborenen, eine Ratte auf der Schulter vermittelt den Betrachtern Ihre außergewöhnliche Tierliebe, Goldkettchen um den solariumgebräunten Hals geben Opfern Ihren *proletenhaften* Aufstieg wieder, mehrschichtig aufgetragene Schminke läßt *pickelige* Haut vermuten, Handschellen weisen auf nicht alltägliche Hobbys

[1] Hinweis des Verkehrsministers: Diese Haarfarbe kann Ihr Leben retten.

hin, Zahnspangen lassen auf außergewöhnlichen Oralsex hoffen, und der gute alte Ehering macht Sie als Aufreißer möglicherweise besonders erfolglos.

Eine gewisse *Tragweite* kommt bei Auswahl und Zusammenstellung von Kleidung, Accessoires und Styling der Farbgebung zu. Lebende Menschen assoziieren Farben mit verschiedenen Begriffen. Wollen Sie einen *gesunden* Eindruck hinterlassen, wählen Sie Grün, Weiß oder Rot – in dieser Reihenfolge. Am kraftvollsten wirken Sie in Rot, Schwarz und Blau. Orange, Rosa und Gelb vermitteln Originalität, Geborgenheit schenken Sie vor allem mit Grün. Grenzenloses Vertrauen erwecken Sie mit Blau, Grün und Weiß, sauber wirken Sie in strahlendem Weiß, elegant in Schwarz oder Weiß, sportlich in Grün, Weiß, Blau, Rot, für besonders männlich hält man Sie in Schwarz, Braun oder Blau, und das Weibliche unterstreichen Sie für die breite Masse von Opfern als *Schneeweißchen und Rosarot,* also in Rosa, Rot und Weiß. Alle Angaben in Masse statt Klasse.

Abschließend möchte ich für jene, die immer alles falsch verstehen, nicht versäumen festzuhalten, daß nicht nur rote Lippen, superkurze Miniröcke, tiefe Ausschnitte und schenkelhohe Lackstiefel Blickfänger sein können, sondern auch natürliche Schlichtheit und die *ungeschminkte* Wahrheit. Ganz nach dem Motto: Jedem Eroberer das Seine.

Das Image: Ihre Persönlichkeit

Nach menschlichem Ermessen kann es niemandem schaden, Persönlichkeit zu besitzen. Diese gekonnt darzustellen und der breiten Öffentlichkeit zu vermitteln, prägt Ihr Image, sprich: die Meinung, die man von Ihnen hat. Aufgabe Ihrer Erneuerung, der marketingstrategischen Selbst-Erfindung, ist es nun, Ihre Persönlichkeit, Ihre Charaktereigenschaften, Ihre besonderen Merkmale zu maximieren und diese über gezielte Public Relations, kurz PR, möglichst attraktiv und effizient nach außen zu transportieren. Menschenopfer sollen rasch erkennen, mit wem Sie es zu tun haben: mit einem Prachtstück, mit einer Rarität, mit einem Juwel, mit Ihnen.

72

FARBTAFEL

RUNDUM SPORTLICH WIRKEN
SIE IN MOLLIGEM GRÜN

GOTTVERTRAUEN ERWECKEN
SIE IN BLAU

AUFFALLEND ELEGANT
KLEIDET SIE WEISS

ORIGINALITÄT MIT KÖPFCHEN
VERMITTELT ORANGE

Was braucht ein Produkt? Das Produkt braucht zuerst einen Namen. Hier würde ich Ihnen, da in diesem Falle bekanntlich Sie das Produkt repräsentieren, Ihren eigenen empfehlen. Neben dem Namen kann ein geeigneter Zusatz auf der Visitenkarte und dem Briefpapier, ein sogenannter Slogan, sehr rasch über Ihre Vorzüge Aufschluß geben.

Josef Alkoholi	Der Mann mit der Lizenz zum *Flöten*.
Hella Dickmann	Eine Frau zum Anfassen.
Dr. Hubert Kluge	Intelligent am Tag. Schöner in der Nacht.
Sabine Kettler	Ich nehme Männer an die Leine.

Sollte es Ihnen tatsächlich gelingen, Ihre außergewöhnliche Persönlichkeit mittels kluger Öffentlichkeitsarbeit geschickt unter die Opfer zu bringen, wird Aufriß für Sie zum Kinderspiel. Man kennt Sie dann schon vom Hörensagen, Sie sind das Gesprächsthema Nummer eins. Gleich nach Boris Becker, Prinzessin Diana, Prinzessin Stephanie und den paar anderen Milliarden Menschen. Von Ihnen spricht man. Auf der Straße, im Café, auf dem Revier.
Was ist nun der Unterschied zwischen Reklame, Werbung und Öffentlichkeitsarbeit?

WENN EIN AUFREISSER EIN OPFER KENNENLERNT
UND IHM SAGT, WAS FÜR EIN GROSSARTIGER
KERL ER IST, DANN IST DAS REKLAME.
WENN ER DEM OPFER STATT DESSEN SAGT,
WIE TOLL ES AUSSIEHT, IST DAS WERBUNG.
WENN SICH ABER DAS OPFER FÜR DEN AUFREISSER
INTERESSIERT, WEIL ES VON ANDEREN LEUTEN
GEHÖRT HAT, WAS FÜR EIN TOLLER TYP ER IST,
DANN IST DAS ÖFFENTLICHKEITSARBEIT!

Die wirksamste Öffentlichkeitsarbeit erzielt man immer noch durch gezielte Mundpropaganda, im Volksmund „Gerücht" genannt. Erzählen Sie Ihren *verschwiegensten* Bekannten eigens erfundene Geschichten („Ich habe eine kleine Quelle in Texas geerbt."). Schon bald werden alle Bewohner Ihres Bezirkes das über Sie tuscheln, was Sie bewußt in die Welt gesetzt haben. So ist es Ihnen möglich, sich als gefragten Künstler darzustellen („Fernsehangebote lehne ich immer ab. Ich will keine Publicity"), als unermüdlichen Liebhaber („Mein Urologe sagt, meine Vorfahren müssen Stiere gewesen sein") oder als belesenen Intellektuellen („Auf dem Bau lese ich *schinkenweise* Proust, Beckett, Rhomberg und so").

Natürlich bietet auch Ihre Werbefläche „Körper", zusammengestellt aus Design, Outfit, Accessoires und Styling, reichlich Zündstoff für die Gerüchteküche. Sie wissen doch noch, der *Zopf*...? Sollte es Ihnen wider Erwarten nicht gelingen, eine Aura wie James Dean oder Marilyn Monroe um sich zu schaffen, ist das zwar bedauerlich, aber nicht weiter tragisch. Mit Ihrem natürlichen Charme und meinen besten Aufrißmaschen bringe ich Sie bestimmt noch an den *Mann*!

Ansprechen

Jetzt, neu designed und neu verpackt, da Sie jeder *geblendete* Mensch ansprechend findet, ist es an der Zeit, sich zu überlegen, wie Sie Ihre Opfer, *wörtlich gesehen*, ansprechen wollen. Sprechen ist, ganz allgemein betrachtet, etwas Elementares in Sachen Aufriß, so Ihre Opfer nicht schwerhörig sind oder sich absichtlich taub stellen.

SCHWEIGEN IST SILBER,

REDEN IST GOLD,

lautet eine Weisheit aus dem hundertjährigen Aufrißkalender, und daher befaßt sich dieses Kapitel mit Ihrem baldigen Exproblem, dem verbalen Erstkontakt. Weitreichendere Aufrißmöglichkeiten, von nonverbal über klerikal bis irreal, finden Sie später im zweiten Teil dieses sensationellen Buches.[1]
Üblicherweise besteht der *durchschnittliche Aufriß* aus vier Haupt-Sprechphasen:

1. *Ansprechende* Kontaktaufnahme
2. Smalltalk
3. Interessenbekundung
4. Vereinbarung einer gemeinsamen Unternehmung jeglicher Art

Zum besseren Verständnis nun das für sich allein sprechende Modell eines unterdurchschnittlichen Aufrisses in den vier angedrohten Sprechphasen, mit dem *beispielhaften* Gelegenheitsaufreißer Herrn Schach und dem beispiellos tragischen Opfer, Frau Matt.

Sprechphase 1: Ansprechende Kontaktaufnahme

In dieser Phase erfolgt durch Herrn Schach die all*gemeine* Kontaktaufnahme, deren Ziel für das attraktive Opfer, Frau Matt, noch nicht unbedingt erkennbar ist.

---

[1] Suggestives Eigenmarketing.

Herr Schach: „Entschuldigen Sie, wo bitte ist hier die nächste Post?"

Frau Matt: „Gleich da vorne auf der anderen Straßenseite."

Sprechphase 2: Smalltalk

Nun schließt Herr Schach seiner Frage eine vorbildliche Plauderei an, welche dazu dient, binnen weniger Minuten festzustellen, inwieweit sich das zur Verfügung stehende Opfer als tauglich oder untauglich erweisen wird.

Herr Schach: „O je, auf der anderen Straßenseite, bis ich da wieder rüberkomme, hat die Post sicher schon geschlossen. Hahahaha . . .!"

Frau Matt: „Jaja, der Verkehr wird immer schlimmer."

Herr Schach: „Ja, weil immer mehr Fremde kommen."

Frau Matt: „Jaja, der Fremdenverkehr, furchtbar . . ."

Herr Schach: „Und so laut . . ."

Frau Matt: „Ja, schrecklich."

Herr Schach: „Es wird immer lauter, finde ich."

Frau Matt: „Sicher, weil es immer mehr fremde Autos gibt."

Herr Schach: „Ach soooo, genau, das ist es."

Frau Matt, die nicht zufällig denselben Weg wie Herr Schach hat, wird von diesem auf Schritt und Tritt verfolgt und genießt währenddessen eine kostenlose Unterhaltung. Schließlich kommen die beiden unmittelbar vor dem Postgebäude zum Stillstand.

Sprechphase 3: Interessenbekundung

Während des Smalltalks hatte Herr Schach genügend Zeit, Frau Matt im Detail zu begutachten. Bis auf die stark behaarten O-Beine, die schönen, blondgelockten langen Haare, die jedoch leider aus der Nase lugen, und die pinkfarbenen Lokkenwickler unter dem lila Kopftuch scheint Frau Matt recht hübsch, aufgeschlossen und vor allem über die allgemeine Verkehrssituation im Ort hervorragend informiert. Herr Schach, selbst mindestens so attraktiv, beschließt, sein Interesse öffentlich zu bekunden und die nächste Aufrißrunde einzuläuten.

Frau Matt: „So, da wären wir, Gott sei Dank.“

Herr Schach: „Gott sei Dank sind wir bei dem Verkehr gut über die Straße gekommen. (Achtung: jetzt folgt die ausgeklügelte Einleitung der Phase 3). Und wo ist jetzt hier bitte die Post?“

Frau Matt: „Ja, vor Ihrer Nase, sind Sie blind?“

Herr Schach   (spielt verlegen): „Bei soviel natürlicher Schönheit wie Ihrer kann man schon mal blind werden . . .“

Frau Matt   (nun auch verlegen): „Ah, ih, mhh, äh . . .“

Herr Schach: „Sie sind ja ein Traum von einer Frau . . .“

Frau Matt: „Ah, mhh, uh . . .“

Herr Schach: „. . . die Perle einer bezaubernden Muschel . . .“

Frau Matt: „Äh, uff . . .“

Herr Schach: „. . . ein seltener Vogel im Paradies . . .“

Frau Matt: „Ah ja, verstehe, ein Paradiesvogel . . .“

Herr Schach: „. . . eine Lotosblume, ein roher Diamant, eine . . .“

Sprechphase 4: Vereinbarung einer gemeinsamen Unternehmung

Nachdem Herr Schach Frau Matt mit psychologischen Tricks in eine Art Trauma versetzt hat, geht er nun aufs Ganze.

Herr Schach: „Amazone! Romanze! Darf ich Sie auf eine erotische Reise in meine Privatgemächer entführen?"

Frau Matt: „Gerne, ich war schon so lange nicht mehr verreist."

Der vier-*phrasige* Aufriß ist erfolgreich beendet, Herr Schach hat das Opfer im wahrsten Sinne des Wortes matt gesetzt. Zuhause bei Herrn Schach angekommen, versucht Frau Matt noch verzweifelt, Remis anzubieten. Zu spät. Herr Schach steht schon in langen gelben Baumwollunterhosen und porscheroten Kniestrümpfen vor ihr. Frau Matt fällt ins Bett. Ohnmächtig.

Diese klassischen vier Sprechphasen, mit einem zugegebenermaßen frei erfundenen, etwas theatralischen Ende müssen selbstverständlich weder in der Anzahl noch in der Reihenfolge eingehalten werden. Der Aufriß kann ebenso mit dem Smalltalk beginnen („Sind Sie beim Überqueren der Straße auch schon einmal von einem Schwertransporter überrollt worden?") wie auch mit einer überzeugenden Interessenbekundung („Sie gefallen mir, Sie nehme ich. Packen Sie mir sich ein!") oder aber gleich mit der sofortigen Vereinbarung einer gemeinsamen Unternehmung („Darf ich Sie für heute abend um 20 Uhr zum *gemeinsamen* Geschlechtsverkehr einladen? Natürlich ganz unverbindlich."). Letztere Gesprächseröffnung muß auf das Opfer allerdings schon sehr verlockend wirken, um Erfolg zu versprechen und empfiehlt sich deshalb nur in den seltensten *Glücksfällen*.

Per Sie oder per du

Bei dieser oft gar nicht so leichten Entscheidung, die Sie schon im ersten Stadium der verbalen Kontaktaufnahme spontan zu treffen haben, kann ich Ihnen ausnahmsweise einmal nicht helfen. Zu viele Faktoren wie Opferkleidung, Alter, Stellung oder Berufung, aber auch Ihre eigenen bisherigen Gepflogenheiten werden Ihren Entschluß diesbezüglich beeinflussen. Sie können auch mit per Sie beginnen und gleich darauf, wenn Sie den Eindruck gewinnen, daß es passender wäre, das Du anbieten. „Grüß Sie, Herr Bundespräsident, ich bin der Karle, und du?" Wenn Sie sich überhaupt nicht zwischen „du" und „Sie" entscheiden können, sprechen Sie Englisch. „How are you?" – „Wie bitte?" – „How are you?" – „Ah, verstehe, how, how! Sie sind Indianer?"

Das erste Wort

Hier geht es nicht um das erste Wort, das Ihnen wahrscheinlich im Hals steckenbleibt, sondern um Ihren ersten akustisch wahrnehmbaren Laut. Laut, das ist auf alle Fälle schon einmal wichtig, laut und selbstsicher soll er klingen.

Ein wesentlicher Unterschied besteht bei Ihrer ersten *Ansprache* darin, ob Ihnen das werdende Opfer bereits bekannt ist oder ob es sich um ein *unbekanntes fliehendes Objekt*, kurz UFO, handelt. Bleiben wir bei den UFOs, da sich hier das Ansprechen für gewöhnlich weitaus schwieriger gestaltet. Situations- und ortsbedingt eignen sich vor allem zwei Worte, nämlich erstens ein lächelndes „Hallo" („Guten Tag"), zweitens ein „Entschuldigung" mit Unschuldslächeln. Auch wenn Sie sich keiner Schuld bewußt sind, entschuldigen Sie sich vorsorglich. Gründe gibt es immer: Ihre Unverfrorenheit, das Opfer überhaupt anzusprechen, Ihre optische *Mangelerscheinung* oder Ihr *zwiebelhafter* Mundgeruch. Vorbeugen ist besser, um anschließend nachbohren zu können.

„Entschuldigung, wo bitte ist die nächste Post?" – „Das geht Sie

überhaupt nichts an!" In diesem Beispiel haben Sie dem Opfer eine anscheinend zu intime Frage gestellt. Da Sie sich jedoch schon von vornherein für diese *individuelle Eventualität* entschuldigt haben, ist nichts passiert. Gar nichts.

Improvisiertes Ansprechen

Improvisiertes Ansprechen bedeutet individuelles Ansprechen je nach Begebenheit und ist, wann immer die Möglichkeit dazu besteht, eine wirkungsvolle, weil abwechslungsreiche und auf das Opfer spezifisch eingehende Methode, die allerdings von angehenden Aufreißern ein wenig Übung verlangt.

Mittelmäßige und schlechte Beispiele für improvisiertes Ansprechen:

○ Eisschleckendes Straßenopfer

Mittelmäßig: „Mhh, wo gibt es denn dieses gute Eis?"

Schlecht: „Entschuldigung, dürfte ich mal bei Ihnen schlecken?"

○ Opfer mit gefülltem Kinderwagen

Mittelmäßig: „Ist das ein süßes Kind, ist es von Ihnen?"

Schlecht: „So ein Kind hätte ich auch gerne von Ihnen . . ."

○ Müdes, männliches Reiteropfer beim ersten Ausritt mit Hengst

Mittelmäßig: „Reiten ist anstrengender als man denkt, nicht wahr?"

Schlecht: „Schlappschwanz, nehmen Sie sich ein Vorbild an Ihrem Pferd."

○ *Schwerwiegendes* Opfer

Mittelmäßig: „Junge, Junge, Sie stehen im wahrsten Sinne des Wortes mit beiden Beinen *fest* auf dem Boden."

Schlecht: „Sie bieten Ihren Geliebten sicher ein *umfangreiches* Angebot."

○ Im Supermarkt befindliches weibliches Einkaufsopfer

Mittelmäßig: (Mit Blick in den Einkaufswagen): „Sie ernähren sich aber gesund . . ."

Schlecht: „Entschuldigung, so wie Sie aussehen, wissen Sie sicher, wo hier das Schweinefleisch ist?"

○ Schwangeres Opfer

Mittelmäßig: „So, gibt es bald fröhlichen Nachwuchs?"

Schlecht: „Gibt es auch einen passenden Vater dazu?"

Schlechter: „Darf ich Sie, wenn es soweit ist, persönlich entbinden?"

○ Schwimmendes kahlköpfiges Opfer im Hallenbad

Mittelmäßig: „Schwimmt man ohne Haare eigentlich schneller?"

Schlecht: „Sie hatten sicher einmal schönes Haar."

Schlechter: „Sie haben aber sehr starken Haarausfall."

Miserabel: „Kennen wir uns nicht vom Friseur?"

Improvisationsübung

Sie, Ihres Zeichens Aufreißerlehrling im ersten Jahrgang/ Schritt 7, treffen täglich auf mögliche oder *unmögliche* Opfer: beim Einkaufen, am Arbeitsplatz, auf dem Arbeitsamt, in der U-Bahn, auf der Straße, in der Mittagspause, im Café, am Sportplatz. Beobachten Sie alle auch nur im entferntesten in Frage kommenden Objekte ab heute sehr genau und überlegen Sie sich, wie Sie diese von Fall zu Fall individuell ansprechen könnten. Schon nach wenigen Tagen als *improvisierter Routinier* werden Sie damit keine großen Schwierigkeiten mehr haben. Möglicherweise gelingt es Ihnen sogar schon nach einigen Trockenübungen, ein *Übungsopfer* mehr als nur *hochgeistig* anzusprechen.

Erkundendes Ansprechen

Diese Methode kennen Sie bereits vom Mut-Proben und von Herrn Schach. Erkundigungen nach Ort, Zeit oder ähnlichem sind in der Durchführung harmlos, da das Opfer keine dahintersteckende Absicht vermutet und Sie somit nicht korbgefährdet sind.
Erkundigen Sie sich grundsätzlich nach dem Weg, dessen Richtung das Subjekt selbst gerade ansteuert. Dadurch können Sie es ein paar Meter weit begleiten und währenddessen Smalltalk praktizieren. Fragen Sie beim Erstkontakt möglichst nach Dingen, die das Opfer nicht in einem Wort zu beantworten in der

Lage ist.[1] Dadurch gewinnen Sie mehr Zeit, um einen bleibenden Eindruck zu hinterlassen. Sie können auch nach einem guten Lokal fragen. Das Opfer empfiehlt Ihnen sehr wahrscheinlich seine eigenen bevorzugten Stammlokale, wo Sie es dann des öfteren persönlich antreffen und in Ruhe anmachen[2] können.

Das Grundproblem bei dieser Ansprechmethode bildet der Übergang von der bloßen Erkundigung zum eigentlichen Aufriß. Gut, Sie wissen jetzt vielleicht, wie spät es ist und wo sich die nächste Post befindet, aber wie weiter? Um die begonnene Konversation fortzusetzen beziehungsweise in die Länge zu ziehen, bietet sich eine sogenannte *Gesprächsverwicklung* an.

„Entschuldigung, können Sie mir sagen, wo die nächste Post ist? Ah ja, äh, wissen Sie auch, wann sie zusperrt? Das ist sehr nett. Übrigens, mhhh, ich rieche, Sie rauchen. Schenken Sie mir eine Zigarette? Danke vielmals. Haben Sie auch Feuer? Vielen Dank. Eine Frage noch, ähh, kennen Sie ein nettes Café hier in der Nähe? Ja? Wunderbar. Dann bräuchte ich nur noch zehn Mark für Kaffee und Kuchen. Haben Sie zufällig soviel bei sich? – Nein?"

An dieser kritischen Stelle der *Gesprächsverwicklung* muß unbedingt der Smalltalk einsetzen oder am besten gleich die Vereinbarung einer gemeinsamen Unternehmung getroffen werden.

„Sie haben keine zehn Mark? Ich wüßte schon, wie Sie sich die schnell verdienen könnten."

Komplimentäres Ansprechen

Komplimente, ob wahr, fast wahr, kaum wahr oder unwahr, zählen zu den wichtigsten Voraussetzungen, die ein Paradeaufreißer aus dem Effeff beherrschen muß. Mit ein paar lobenden Worten gewinnen Sie die hellhörigsten Zuhörer, die Sie je hat-

---

[1] Bitte keine Wurzelrechnungen oder mathematischen Gleichungen.
[2] Nicht im Sinne von Urinieren gemeint.

ten, brechen jedes Eis, das zwischen Ihnen und Ihrem Augapfel liegt.

Das hängt damit zusammen, daß der gequälte *Normalmensch* von der frühen Kindheit an über die Schule und die Partnerschaft bis zur Arbeit sich täglich anhören muß, wie fehlerhaft er ist. Von dieser lebenslänglichen Kritik *erlöst* wird er bedauerlicherweise erst bei seinem eigenen Begräbnis, was allerdings den Nachteil mit sich bringt, daß er dabei die maßlos übertrieben netten Worte seiner Hinterbliebenen nicht mehr *erleben* darf.

Das krasse mengenmäßige Mißverhältnis zwischen Lob und

Tadel führt einerseits zum weitverbreiteten Mangel an Selbstvertrauen, andererseits zu einem unersättlichen Heißhunger nach Anerkennung. Auf diesen *komplimentären Hunger* trifft man überall, quer durch alle Gesellschaftsschichten. Denken Sie nur nicht, daß erfolgreiche Menschen Ausnahmen bilden. Glauben Sie im Ernst, ich würde überhaupt noch Bücher schreiben, wenn mich meine zahlreichen Fans nicht nach jeder erhaltenen Überweisung wieder dazu ermutigen würden? Komplimente eignen sich ebenso vorzüglich für die Kontaktaufnahme wie für vorhin angesprochene Gesprächsüberleitungen von neutralen Erkundigungen zum eigentlichen Aufriß.

Beispielhafte komplimentäre Kontaktaufnahme

„Entschuldigung, ich muß Sie einfach ansprechen, weil ich Angst habe, Sie sonst in meinem Leben nie wiederzusehen. Und das wäre ein Jammer, denn man trifft so selten jemanden, der so hübsche . . .“
Fügen Sie nun ein individuelles Kompliment an, wie: „. . . man trifft so selten jemanden, der so hübsche Augenringe hat wie Sie. Bekommt man die beim Juwelier?“

Beispielhafte komplimentäre Gesprächsüberleitung

„Entschuldige, weißt du, wie spät es ist? – Ah, erst – danke. Aber eigentlich, wenn ich ehrlich bin, habe ich dich nur danach gefragt, um dich irgendwie anzusprechen, weil ich noch nie eine Frau getroffen habe, die . . . (improvisiertes Kompliment) . . . aussieht wie der Tod persönlich (Vereinbarung einer gemeinsamen Unternehmung). Darf ich dich am Sonntag auf den Zentralfriedhof einladen?“
Neben diesen sehr direkten, personenbezogenen Schmeicheleien gibt es auch indirekte, verborgene Komplimente. Letztere wirken sachlicher, sind weniger kompromittierend, geben die eigentliche Absicht des Aufreißers nicht unmittelbar preis und eignen sich deshalb zum Ansprechen ohne unmittelbare Korbgefahr.

Beispiel einer indirekten komplimentären Kontaktaufnahme

„Entschuldige, darf ich dich fragen wo du diese Superbrille gekauft hast? So eine suche ich (für meine Uroma) schon ur-
lange."
Indirekte Komplimente sind universal einsetzbar. Fragen Sie
nach dem Friseur, der diesen Schnitt gezaubert hat, nach dem
Duft des Parfüms, der Herkunft des Schmucks oder nach dem
Namen des plastischen Chirurgen.

Allgemeine Komplimentärübungen

Ergänzen Sie das gedankliche Improvisationstraining an lebenden Übungsopfern durch den theoretischen Einbau direkter
und indirekter Komplimente.
Spenden Sie Ihren Verwandten, Bekannten und Kollegen in
den nächsten Tagen übertrieben Lob und Anerkennung. Sie
werden erstaunt sein, wie solchermaßen beschenkte Menschen
plötzlich auch Ihnen Wohlwollen und Freundlichkeit entgegen-
bringen. Ganz nach dem Motto: „Wie du mir, so ich dir!" Und
das war auch schon die Antwort auf die Frage, wie Sie selbst zu
Lebzeiten mehr Komplimente zu hören bekommen können.

Hilfreiches Ansprechen

Eine hilfreiche Art, Menschen anzusprechen, ist die auch als
„Rot-Kreuz-Masche" bezeichnete Methode der professionellen
Kontaktaufnahme. Sie, einst hilfloser Aufreißer, bieten dem begehrten Objekt Ihre *erste Hilfe* an. Gelegenheiten dazu finden
sich genug: das einparkende Verkehrsobjekt, welches Sie mit
einigen Handzeichen einweisen, das *gehende* Objekt, dem Sie in
den Mantel helfen, das feuchte Objekt, dem Sie einen Platz unter Ihrem Schirm anbieten, das suchende Objekt, dem Sie den
Weg weisen, das tragende Objekt, dem Sie sich als *Schlepptier*
anbieten, das stehende Objekt, dem Sie Ihren Sitzplatz offerie-
ren, das rauchen wollende Objekt, das Sie *anfeuern*, das heran-
nahende Objekt, dem Sie die Türe öffnen, das verletzte Objekt,

dem Sie den Gnadenstoß geben. Hilfesuchende gibt es reichlich. Beinahe alle Menschenopfer, mit Ausnahme von Mordop-
fern, kommen für diese Aufrißvariante in Frage. Wann immer
sich Ihnen die Möglichkeit bietet, Menschen zu helfen, tun Sie
es.[1]

[1] Autorenhilfe: Thomas Rhomberg, Bank für Tirol und Vorarlberg,
6850 Dornbirn, Österreich, Konto 132-286310

Kreatives Ansprechen

Ihrem Einfallsreichtum sind bei dieser geistreichen Masche keine Grenzen gesetzt. Alles ist möglich. Selbst das folgende Beispiel einer kreativen verbalen Kontaktaufnahme zwischen Aufreißer und Opfer:

Aufreißer: „Luftballon!"

Opfer: „Äh, wie bitte?"

Aufreißer: „Wegfliegen möchte ich mit Ihnen."

Opfer: „Sagen Sie, sprechen Sie mit mir?"

Aufreißer: „Storch!"

Opfer: „Storch?"

Aufreißer: „Kinder will ich von Ihnen."

Opfer: „. . ."

Standardisiertes Ansprechen

Aufrißanfängern empfehle ich, sich in den nächsten Tagen mehrere allgemein anwendbare Standardansprechfloskeln zu ersinnen und diese tunlichst auswendig zu lernen. Diese Sprüche benötigen Sie in Momenten, die Ihnen keine Zeit zum Überlegen, zum Improvisieren lassen, etwa bei einem zügig vorbeischreitenden Fußgängerobjekt. Oder wenn Sie zum Nachdenken schlicht und einfach zu nervös sind. Die Alternativen lauten: Objekt unverzüglich ansprechen oder wahrscheinlich nie mehr wiedersehen.

Hausaufgabe:

Erfinden Sie zweierlei Standardsprüche. *Allgemeine*, die immer und überall anwendbar sind, sowie *spezifische*, für Orte, Situationen oder Anlässe, die sich in Ihrem Alltag ständig wiederholen. Natürlich können Standardsprüche *komplimentäre* Elemente enthalten.

Beispiel 1:

Allgemein anwendbarer Spruch A

Aufreißer: „Hallo, sag, kennst du mich nicht mehr?"

Opfer: „Äh, nein . . ."

Aufreißer: „Du hast aber ein schlechtes Gedächtnis. Du bist doch gerade erst an mir vorbeigegangen . . ."

Allgemein anwendbarer Spruch B

Aufreißer: „Ich habe Angst!"

Opfer: „Wovor?"

Aufreißer: „Ich habe Angst, dich nie wiederzusehen."

Beispiel 2:

Spezifischer Spruch

In Ihrem mittäglichen Stammcafé sitzt Ihnen gegenüber ein Opfer alleine an einem Tisch.

Aufreißer: „Entschuldigung, warten Sie auf jemanden oder darf ich mich zu Ihnen setzen? (Übergang zur *Komplimentärphase.*) Sie ziehen mich irgendwie an, ich kann nichts dafür, aber wann immer ich Sie ansehe, muß ich nur an *das Eine* denken. Geht es Ihnen auch so?"

Selbst auf die wahrscheinliche Gefahr hin, daß sie leer bleibt, die nächste Seite dient Ihnen zur Formulierung Ihrer persönlichen Standardsprüche: auf dem Weg vom *Sprachlosen* zum *Spruchbeutel.*

Allgemeine Standardsprüche:

1. _____

_____

_____

2. _____

_____

_____

3. _____

_____

_____

Spezifische Standardsprüche:

1. _____

_____

_____

2. _____

_____

_____

3. _____

_____

_____

Last minute

So Sie das nicht schon in den letzten Tagen erledigt haben, stehen Sie in Kürze vor der unlösbaren Aufgabe, keine Fata Morgana, sondern Ihr erstes lebendes Opfer zu erobern. „Last minute" verleiht Ihnen den letzten Schliff und gibt Ihnen hilfreiche Ratschläge in letzter Sekunde, damit Sie in freier Wildbahn auf Ihre Opfer unwiderstehlich wirken.

Bitte lächeln!

So banal es klingen mag, so eminent wichtig ist es: Ihr Lächeln. Sie begegnen also einem Objekt Ihrer Begierde, sehen es an, blicken ihm in die Augen und – neu! – Sie lächeln. Lächeln ist eine freundliche Geste, eine Botschaft, die besagt: Du bist mir sympathisch, du gefällst mir. Sie benötigen nicht besonders viel Mut, einen Menschen freundlich anzulächeln, aber Sie können damit Berge versetzen, selbst wenn das geologisch nicht immer vorteilhaft scheint. Sie stimmen Ihr Objekt positiv, geben ihm ein gutes Gefühl, machen ein wortloses Kompliment.
Natürlich wird sich nicht jedes Opfer opfern, Ihr Lächeln zu erwidern, jedoch besteht zumindest die Möglichkeit dazu. Und wenn, ich sage, *wenn* das arme Geschöpf Ihr dummes Grinsen wider Erwarten erwidert statt anwidert, stehen Ihre Chancen phänomenal gut. Bedenken Sie aber: viele *belächelte Subjekte* sind zu schüchtern, um zurückzulächeln, selbst wenn sie durchaus nicht abgeneigt wären, mit Ihnen einmal Schlitten zu fahren.

Übung

Schreiben Sie auf einige Zettel das Wort „Lächle" und bringen Sie diese als Erinnerungsstützen an von Ihnen stark frequentierten Stellen an. Üben Sie ab heute, unbekannte Menschen jeden Geschlechts und Alters anzulächeln: ein kurzes, sympathisches, unaufdringliches Lächeln bei gleichzeitigem Augenkontakt. Warten Sie in Ruhe ab, was passiert. Irgendwann wird irgend jemand Ihr Lächeln erwidern, und sei es nur die Ansagerin im Fernsehen. Dann werden Sie mit Sicherheit den Mut haben, das Objekt umgehend zu *erlegen*.

Manchmal genügt auch ein Grinsen

Sofortreaktion

Wann immer ein verwirrtes Subjekt Ihr Lächeln oder Ihren Augen-Blick erwidern sollte, reagieren Sie, bevor es zu spät, sprich: das Objekt abhanden oder Ihnen jemand zuvorgekommen ist. Spontaneität ist die Mutter der Eroberungskiste. Langes Zögern könnte den Eindruck vermitteln, daß Sie sich des Opfers oder sich selbst nicht sicher sind. Trotzdem, auch wenn Sie ein paar Gedenkminuten eingelegt haben sollten, unternehmen Sie etwas. Gehen Sie *mutwilligerweise* immer davon aus, daß sich das Opfer nichts sehnlicher wünscht, als von Ihnen angesprochen zu werden. Sagen Sie ganz einfach „Hallo", und das Opfer wird wie ein Echo ebenfalls „Hallo" zu Ihnen sagen, wie seinerzeit die Beatles: „Hello, hello, I don't know why you say hello, I say hello!" In ähnlichem Deutsch: „Ich hab' zwar nicht die Bohne eine Ahnung, warum du Hallo zu mir sagst, aber meinetwegen, sage ich eben auch Hallo zu dir."

Aufreißen von idealen Phantomopfern

Bisher haben Sie alle möglichen Leute nur in Gedanken aufgerissen. Diese „Last minute"-Übung geht einen Schritt weiter,
um Ihnen den Übergang von fiktiven zu echten Objekten zu
erleichtern.

Übung

Nehmen Sie, je nach Opferwunsch, einige Männer- oder Frau-
enmagazine zur Hand und blättern Sie diese nach ganzseitigen,
attraktiven Phantomopferfotografien mit großflächig abgebilde-
tem Schädel durch. Wählen Sie fünf bis zehn besonders bemer-
kenswerte Exemplare aus, trennen Sie die Seiten heraus und
bringen Sie diese in verschiedenen Räumen Ihrer Wohnung in
Augenhöhe an. Wann immer Ihr Blick nun ein solches Phantom streift, spielen Sie Realität. Sehen Sie ihm in die Augen, lächeln Sie, sprechen Sie es an, machen Sie dem *Bild von einem
Opfer* Komplimente („Sie sind sehr fotogen"), erzählen Sie ihm
etwas („So etwas wie Sie verwende ich für gewöhnlich zum Fen-
sterputzen"), praktizieren Sie Smalltalk.
Traumpartner[1] anzusprechen, zählt für viele Aufreißer in der
Praxis mit zum Schwierigsten, weil sie annehmen, gegen diese
Traumtänzer nur kleine, unbedeutende Würmchen, nicht einmal
zum Glühen fähig, zu sein. Gerade dieser Umstand macht die
Übung mit den Phantomopfern so wertvoll. Wenn Sie das
möchten, können Sie natürlich auch Ihre prominenten Lieb-
linge miteinbeziehen: Madonna, Thomas Gottschalk, Hella von
Sinnen oder Karl Dall. Je schwieriger die Aufgabe (Heino), de-
sto besser.

Lampenfieber

Angenommen, Sie schreiten, überzeugt, mutig und mit voller
Hose, auf Ihr Opfer zu, um es im Flug zu erstürmen, doch

[1] Idealpartner, Wunschpartner.

plötzlich, noch *im Anflug*, beginnt Ihr Fahrwerk zu flattern, Ihre Backen färben sich rot, und Ihre Stimme droht zu versagen. Befund: Sie sind von schwerem Lampenfieber befallen. Ihr Hirn leidet unter Lähmungserscheinungen, auftretende *Schwindsucht* hat Sie alle auswendig gelernten Standardsprüche vergessen lassen. An Improvisation ist unter diesen widrigen Umständen nicht zu denken. Was tun?

Als gewissenhafter Leser und guter Aufriß-Grundschüler aktiviert sich in solchen Situationen umgehend Ihr Autopilot und ruft Ihnen Schritt 1 und 2 in Erinnerung. Die Folge: Noch in derselben Sekunde lieben Sie sich dafür, so herrlich nervös sein zu können und wissen, daß dies völlig natürlich ist und deshalb nur einen Vorteil für Sie darstellt.

Impuls 2: Ihr Autopilot reagiert auf Ihre Gedanken und läßt Sie diesen Natürlichkeitsvorsprung professionell nützen. Sie treten auf das Opfer zu und beschreiben diesem hektisch gestikulierend Ihren augenblicklichen Zustand: „Ahbrrrr" (Sie schütteln sich), „entschuldige, aber ich bin plö, plö" (Sie stottern), „äh, plötzlich so nervös, ich weiß gar nicht mehr, was ich eigentlich, was ich ei . . ." (Sie gestehen Gedächtnisschwund), „äh, ah ja, sagen wollte. Ich weiß nur noch, daß ich dich unbedingt kennenlernen wollte" (Interessenbekundung). – Jetzt, schon etwas sicherer, können Sie gleich einen Schwank einbauen. – „An mehr kann ich mich nicht mehr erinnern. Nicht mal mehr an meinen Namen. Moment, ich schaue mal in meinem Führerschein nach – ah, genau . . . Franzi!"

Mittels dieser Selbstüberlistung haben Sie nicht nur Ihr Lampenfieber überwunden, sondern gleichzeitig eine wunderbare Eroberungsvariante angewandt, die bei zahlreichen Opfern sehr beliebt ist. Aufriß-Schlaumeier kombinieren: „Selbst wenn man die Ruhe selbst ist, kann man Hektik spielen."

Fiebersenkende Übung

Legen Sie sich eine Lampenfieberbekämpfungsmethode zurecht. Programmieren Sie Ihren Autopiloten für den Fall der Fälle auf gedankliche Sofortzuschaltung der Lernschritte 1 und

2 und basteln Sie vorsorglich Ihren persönlichen Lampenfie-
berspruch. – „O Gott, Sie haben mich so verwirrt" (verstecktes
Kompliment), „ich wollte Ihnen etwas extrem Wichtiges sagen"
(Bluff), „und jetzt bringe ich kein Wort heraus" (Blödsinn, Sie
reden wie ein Buch). „Bitte sagen Sie etwas." – Mögliche Fort-
setzung: „Und sei es nur, daß Sie echt scharf auf mich sind."

Spielerischer Touch

Manchen Eroberern in spe, die die ganze Angelegenheit immer
noch viel zu ernst nehmen, hilft vielleicht ein kleiner psycho-
logischer Selbstüberlistungstrick, um den Aufriß noch spieleri-
scher zu gestalten.

Trick 1

Schließen Sie eine echte oder fiktive Wette mit einem Bekannten. Wetten Sie zum Beispiel um Ihre Schulden, die Sie bei ihm
haben, daß Sie sich trauen, das Opfer, das vis-à-vis am Tisch
sitzt, anzusprechen. Wagen Sie es tatsächlich, haben Sie das
Subjekt schon halb gewonnen. Tun Sie es nicht, sind Sie schul-
denfrei (Sie haben Ihre Schulden *verloren*). – Spaß beiseite.
Mittels einer solchen Wette geben Sie dem Aufriß eine spieleri-
sche Note, was diesen möglicherweise noch erheblich leichter
für Sie macht.

Trick 17

Stellen Sie sich im Augenblick der Wahrheit vor, ein lange ge-
hegter Wunsch sei wahr geworden: Sie sind Schauspieler.
Überall zielen Kameras auf Sie, und der Regisseur ruft: „*Äkt-
schen*!" Versuchen Sie, Ihre Rolle, sich selbst, so wie Sie sich in
der Wunschmeditation gesehen haben, so perfekt wie möglich
zu spielen. Selbst ein Korb kann Sie durch Anwendung von
Trick 17 nicht mehr aus der Bahn werfen, denn Drehbuch ist
Drehbuch, Film ist Film. Also los, Kamera läuft, „Aufriß die
Erste", Klappe. – Und *Klappe* auf!

Negative Opferreaktionen

Sicher, es war zu erwarten. Aber es ist eben doch ein kleiner Unterschied, ob der Korb sich nur im Kopf oder in der Realität abspielt. Trotzdem, nehmen Sie ihn nicht persönlich, und, vor allem, geben Sie nicht gleich auf. Vielleicht ist der Korb gar kein Korb, sondern lediglich Ausdruck von Verlegenheit. Vielleicht nehmen Sie nur irrtümlicherweise an, daß es sich bei den *geopferten* Worten um eine Schlappe handelt. Mit „Verpiß dich" wollte Ihnen das angesprochene Objekt möglicherweise nur zu verstehen geben, daß es mit Ihnen gerne auf die Toilette ginge, und auch dem Ausspruch „Leck mich" kann man durchaus positive Seiten abgewinnen.

Manche absagenden *Negativopfer* haben, wie schon beim Thema Korbverhalten erwähnt, durchaus verständliche Verhinderungsgründe, die mit Ihrer Person nicht das geringste zu tun haben. Es ist sogar denkbar, daß Sie dem Subjekt *zu gut* gefallen. Ja, wirklich.

So erging es mir mit meiner *derzeitigen* Lebensgefährtin. Ich lernte Sylvia während einer Wohnungsbesichtigung, bei der mehrere mir unbekannte Personen anwesend waren, kurz kennen und erfuhr beiläufig, daß sie außer im Immobilienhandel auch im Versicherungsgeschäft tätig ist. Ich ließ mir ihre Karte geben und rief sie einige Tage später an.

Ich: „Ja, hallo, hier ist Thomas Rhomberg, kannst du dich noch an mich erinnern, wir haben uns vor ein paar Tagen in der Beispielstraße bei der Wohnungsbesichtigung getroffen?"

Sie: „Ach ja, genau."

Ich: „Ja, ich würde gerne bei dir eine Versicherung abschließen."

Sie (hörbar überrascht): „Ah ja, das freut mich aber. Das passiert ja eher selten, daß mich jemand anruft, den ich kaum kenne, um eine Versicherung abzuschließen. Worum geht's denn?"

Ich: „Du hast mir bei unserem Treffen so gut gefallen, ich würde dich gerne kennenlernen und zum Essen einladen. Aber zuvor mußt du mir *versichern*, daß du auch mitgehst."

Was geschah weiter? Sylvia gab mir zu verstehen, daß sie die nächsten Tage und Wochen sehr beschäftigt sei und viele Termine wahrnehmen müsse. Ich ließ, im Gegensatz zu früher, nicht locker. Früher hätte ich fälschlicherweise angenommen, daß sie nicht mit mir fortgehen wolle, jetzt nahm ich gar nichts an, sondern hakte einfach nach und erhielt schließlich doch eine Zusage. Wir lernten uns kennen und leben nun zusammen.

POSITIVE DEUTUNGEN
ZWEIDEUTIGER OPFERREAKTIONEN

OPFER FINDET SIE
HABEN KÖPFCHEN

OPFER ZEIGT, DASS ES
NICHT **BELEGT** IST

OPFER WÜNSCHT SICH
EINEN RING

OPFER DEMONSTRIERT,
DASS ES SCHLAG-FERTIG IST

Und sollte sie nicht gestern, ohne mich zu informieren, gestorben sein, lieben wir uns heute noch.

Einige Monate nach unserem ersten Rendezvous erzählte mir Sylvia, warum sie zuerst nicht mit mir ausgehen wollte: Es war nackte Angst! Bei erwähnter Wohnungsbesichtigung hatte ich einen so bleibenden Eindruck bei ihr hinterlassen, daß sie mich verständlicherweise für einen Traummann, einen Idealmann, einen *PhanThomas* hielt. Sie glaubte, ein so göttliches Geschöpf sowieso nicht bekommen zu können, und hatte Angst, daß ich bei genauerem Kennenlernen von ihr enttäuscht wäre.

Annahmen, Annahmen, Annahmen. Was sagen Sie jetzt? Ich *nehme an*, Sie, weiblich, möchten mich, Autor, unbedingt kennenlernen? Stimmt's, oder habe ich recht?

Was haben wir für unser *Aufriß-Leben* nach dem *Mauerblümchen-Tod* gelernt?

NUR OPFER, DIE MAN AUFGIBT, SIND VERLOREN!

Bitte das nicht falsch zu verstehen. Nicht die Opfer selbst sind verloren, wenn Sie sie aufgeben, sondern die Opfer sind für Sie als Aufreißer verloren. Wobei, übertrieben positiv betrachtet, beide Varianten stimmen.

Juristische Aufrißgrundkenntnisse

Bei Ihren strategischen Eroberungsmanövern kann und wird es vorkommen, daß Sie bei Ihrem Versuch zur Verabredung einer gemeinsamen Unternehmung Ihrem Objekt folgendes anbieten: „Also dann, vielleicht treffen wir uns einmal auf einen Kaffee?" – Und das Opfer antwortet unter Umständen: „Klar, das machen wir." – Genau da hakt der rechtliche Aspekt ein. Dieses „Klar, das machen wir" ist meines Erachtens eine rechtsverbindliche mündliche Zusage mit derselben Rechtskraft wie ein schriftlicher Vertrag. Im Klartext: Das Opfer hat vertraglich zugesichert, mit Ihnen auf einen Kaffee zu gehen.

Sollte sich das Subjekt in der Folge weigern, seiner Zusage nachzukommen, können Sie über Ihren Anwalt Klage auf Einhaltung der mündlichen Vereinbarung einreichen. Gibt Ihnen das Gericht in letzter Instanz recht, müßte nach meinem Rechtsverständnis das angeklagte Objekt unter Androhung einer angemessenen Strafe gezwungen werden, dem Treffen mit Ihnen zum Kaffee Folge zu leisten. Nicht gezwungen werden kann das verurteilte Opfer dann allerdings, den Kaffee auch wirklich zu trinken, denn das hat es bekanntlich nie definitiv zugesagt.

Grundsätzlich muß man allerdings dazu anmerken, daß im Falle eines gerichtlich verordneten Treffens Ihre Eroberungschancen nicht mehr unbedingt günstig sind und deshalb von der Konsultierung eines Anwalts, zumindest aber von Exekutionen solcher Urteile abgesehen werden sollte.

Wahrscheinlichkeitsrechnung

So Sie in der Schule nicht zu den Dümmsten zählten, haben Sie diesen Begriff wahrscheinlich schon einmal gehört. Zur Erinnerung: Die Wahrscheinlichkeitsrechnung befaßt sich mit der Untersuchung der Gesetzmäßigkeiten zufälliger Ereignisse, die bei Massenerscheinungen verschiedener Art auftreten. Die Wahrscheinlichkeit für das Eintreten eines Ereignisses kann definiert werden als die relative Häufigkeit, mit der das Ereignis bei einer hinreichend großen Zahl von Versuchen eintritt.

Zur Vereinfachung: Die erwähnte Massenerscheinung sind natürlich Sie. Das zufällige Ereignis wäre eine allfällige positive Zusage eines Ihrer Opfer aufgrund Ihres Aufrißmanövers. Die Häufigkeit für das Eintreten von solchen positiven Zusagen steht demzufolge in direktem Zusammenhang mit der hinreichend großen Zahl Ihrer Aufrißversuche.

JE MEHR OPFER SIE ANSPRECHEN,
DESTO MEHR OPFER
WERDEN AUCH SIE ANSPRECHEND FINDEN!

Lassen Sie sich also nicht entmutigen, wenn die ersten hundert Versuche fehlschlagen, im Gegenteil. Denken Sie an die Wahrscheinlichkeitsrechnung. Jeder Fehlversuch vergrößert Ihre Chance, daß es beim nächstenmal klappt.

Der allerletzte *Tip*:

Wenn Sie gerade beim ersten Aufrißversuch auf Nummer Sicher gehen wollen, probieren Sie Ihr *Glück* auf dem Straßenstrich.[1] Mit Ihren neuen Supersprüchen und ein paar Scheinen reißen Sie dort sicher etwas auf. Und wenn es nur Ihr großes Maul ist.

---

[1] Ein Hinweis des Gesundheitsministers: Kondomfreier Sex kann Ihre Gesundheit gefährden.

Das 1x1 im Zeitraffer

1. Lieber der Täter sein als das Opfer.

Warten Sie nicht *lebenslänglich* darauf, von einem *Haupttreffer* aufgerissen zu werden, der sich nachträglich vielleicht doch nur als Niete erweist. Ergreifen Sie selbst die Initiative.

2. Übung macht den Meister.

Es ist noch kein Meister vom Himmel gefallen, zumindest kein Aufriß-Meister. Was Hänschen nicht gelernt hat, muß Hans eben erst lernen. Und Gretl detto.

3. Natürlichkeit ist Ihr Trumpf.

Versuchen Sie sich so zu geben, wie Sie sind – falls Sie wissen, wie das ist. Schämen Sie sich nicht, Ihre Gefühle offen zu zeigen und diese auszusprechen. Seien Sie *unverschämt*. Spielen Sie nicht Rambo, wenn Sie sich wie Peter Alexander fühlen.

4. Wer sich selbst nicht liebt, kann andere nicht lieben.

Lernen Sie, selbst wenn Ihnen dies schwerfällt, sich so zu lieben, wie Sie sind. Lieben Sie auch Ihre angeblichen Schwächen. Möglicherweise handelt es sich nämlich dabei um Ihre eigentlichen Stärken.

5. Andere Menschen sind noch viel häßlicher als Sie.

Sollten Sie sich Ihres Aussehens nicht sicher sein, beobachten Sie Ihre Konkurrenz. Sie werden feststellen, daß es sich bei Ihrem negativen Selbstbild um eine optische Täuschung handelt. Lernen Sie mittels Spiegeltraining, Ihre *besonderen Merkmale* als wunderbare Eigenheiten zu sehen.

6. Wer nicht weiß, was er suchet, der nicht findet, was er will.

Schluß mit „. . . denn sie wissen nicht, was sie tun." Definieren Sie Ihre Aufrißziele im Detail und machen Sie sich diese immer wieder bewußt. Je nach Partnerbeschaffenheit wählen Sie anschließend Ihr ideales Eroberungsrevier.

7. Angst ist eine Kraft.

Nutzen Sie diese Kraft zu Ihrem Vorteil. Möglicherweise fliegen ja zahlreiche Opfer gerade auf Ihre liebenswerte *Schwäche*. Und denken Sie daran: Aufrißangst resultiert häufig aus fehlender Routine. Deshalb gilt auch hier: Übung macht den Meister.

8. Wer wagt, gewinnt.

Was rastet, das rostet. Auch Mut muß man regelmäßig proben. Sprechen Sie alles an, was sich bewegt. Befreien Sie sich von inneren Zwängen. Üben Sie Frechheiten. Seien Sie kein Frosch! Sie wissen ja: Frechheit siegt. Superlearning via Suggestion: Reden Sie sich ein, was Sie können wollen. Üben Sie menschlichen Augenkontakt.

9. In der Ruhe liegt die Kraft.

Die Wunschmeditation eignet sich hervorragend, um den beispielhaften Aufriß *traumhaft* zu erlernen. Spielen Sie im entspannten Zustand Ihre Begegnungen der dritten Art gedanklich so durch, wie Sie sich das in der Realität wünschen würden. Schon bald wird es keinen Unterschied mehr geben zwischen Traum und Wirklichkeit.

10. Starker Körper, starker Geist.

Sie müssen Ihren Bierbauch nicht wegtrainieren, wenn Sie ihn schön finden. Wenn aber nicht, dann schon. Sind körperliche Mangelerscheinungen nicht korrigierbar, gilt Punkt 4.

11. Kleider machen Leute.

Lange bevor Sie Ihr Opfer akustisch ansprechen, hat dies Ihre Kleidung optisch bereits getan. Machen Sie sich hübsch, aber verkleiden Sie sich nicht für andere. Ziehen Sie das an, was Ihnen am besten gefällt, selbst wenn es häßlich ist. Hauptsache, Sie fühlen sich sicher, attraktiv und gut.

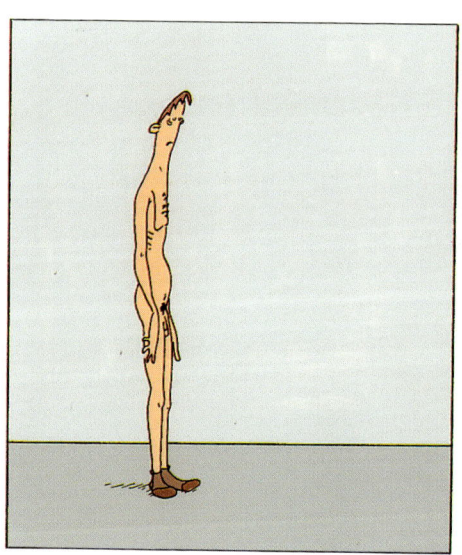

12. Schweigen ist Silber, Reden ist Gold.

Redeübung: Überlegen Sie sich bei jedem Subjekt, das Sie entdecken, wie Sie es ansprechen könnten. Improvisieren Sie, *komplimentieren* Sie oder setzen Sie zurechtgelegte Standardsprüche ein. Und anschließend das Ganze bitte mit Ton!

13. Ein Lächeln sagt mehr als 1000 Ihrer Worte.

Machen Sie gute Miene zum *schönen Spiel*. Lächeln Sie Ihre Opfer an. Erstens rennen diese dann nicht gleich schreiend davon, zweitens lächeln sie vielleicht sogar zurück. Und dann – nichts wie ran!

14. Wenn Sie schon mal denken, dann bitte positiv.

Gehen Sie immer davon aus, die Objekte Ihrer Begierde *wollen* von Ihnen angesprochen werden. Auch wenn das Opfer nicht so reagiert, wie Sie sich das positiverweise ausgedacht haben, nehmen Sie an, daß dies mit Ihnen nicht das geringste zu tun hat.

15. Je mehr Opfer Sie ansprechen, desto mehr werden auch Sie ansprechend finden.

Erinnern Sie sich an die Wahrscheinlichkeitsrechnung? Jeder Fehlversuch erhöht Ihre Chance beim nächstenmal.

16. Erobern macht Spaß.

Betrachten Sie das Aufreißen als ein ungefährliches, abwechslungsreiches Spiel von und mit Menschen. Sie sind der Einsatz, der Partner Ihrer Wahl ist das Ziel, und der Reiz liegt im Neuen. Überlegen Sie nach einem Aufriß nicht, ob *Sie* dem Opfer imponiert haben, sondern stellen Sie sich die Frage: Ist das Opfer meiner würdig?

17. Machen Sie Platz.

Vergrößern Sie Ihre Wohngelegenheiten. Bauen Sie Besuchszimmer an. Wenn Sie alle Regeln befolgen, erleben Sie wahrscheinlich einen regelrechten Opferansturm.

TEIL II

Die besten Aufrißmaschen für sie & ihn

Nach dem erfolgreich absolvierten Studium des Aufriß-1x1 bieten Ihnen „Die besten Aufrißmaschen für sie & ihn" zahlreiche Anregungen und Ideen, wie Sie Ihr nunmehriges Können originell, sensationell oder kriminell und ohne langes Zeremoniell an den Mann respektive an die Frau bringen.

Als Meister der Improvisation, als Beherrscher der *Komplimentärtechnik*, als Streber der Standardsprüche und als praktizierender Individualist sind für Sie die folgenden Maschen allerdings nicht *lebensnotwendig*. Am besten, weil am natürlichsten und glaubwürdigsten umsetzbar, eignen sich prinzipiell jene Aufrißmethoden, die Sie sich selbst zurechtgelegt, sprich: auf den Leib geschrieben haben. Trotzdem bin ich davon überzeugt, daß die eine oder andere Idee anregend auf Sie wirken wird. Allein der Umstand, daß Sie die nachfolgenden Vorschläge auf ganz *eigene* Art anwenden, verleiht diesen Ihre persönliche Note.

Zugegeben, einige der vorgeschlagenen Methoden bedürfen eines gewissen finanziellen Engagements oder nicht außer acht zu lassenden Zeitaufwandes. Wenn Sie dem allerdings gegenüberstellen, für welchen Schrott Sie im Laufe der letzten Jahre Ihr Geld verschwendet, beziehungsweise wieviel verlorene Zeit Sie via Fernsehen in fiktive Opfer Ihrer Begierde investiert haben, werden Ihnen die geringfügigen Aufwendungen lächerlich erscheinen. Der Zweck heiligt die Mittel, heißt es, und welchen heiligeren Zweck gibt es als das Kennen- und *Liebenlernen* noch unentdeckter Exemplare der Gattung Mensch?

Die nachfolgenden Anregungen eignen sich je nach Beschaffenheit für die unterschiedlichsten *Endverbraucher*einsätze[1]. So finden Sie ideale Tips sowohl für schöne Unbekannte als auch für flüchtig Bekannte, für bekannte Flüchtige, für alte Bekannte, für Weit- oder Nahverwandte bis hin zu *One-night-Maschen* zum fröhlichen Vernaschen. Hin und wieder ein wenig handwerkliches Geschick, hier ein paar Mark für den Copy-Shop, da ein paar mehr für den Siebdrucker, und schon ist die Wirtschaft gestärkt, und Sie sind hoch im *Opfer-Kurs*.

Auf dringendes Anraten meines Rechtsanwaltes muß ich Sie an

---

[1] Endverbraucher sind Opfer, was sonst.

dieser Stelle noch darauf hinweisen, daß diverse Eroberungsvariationen, insbesondere die *kriminellen Maschen*, rechtlich nicht immer unbedenklich und somit von Ihnen, wenn überhaupt, auf eigene Rechnung und Gefahr anzuwenden sind.

Sollten Sie etwa mit einem gefälschten Polizeiausweis – im wahrsten Sinne des Wortes – *ein Opfer* auf Ihr privates Revier *ausführen*, dort eine Leibesvisite an diesem *durchführen*, das mit schmucken Spielzeughandschellen fluchtgesicherte Objekt anschließend rein dienstlich *verführen* und schließlich von Polizisten mit *echteren* Ausweisen als dem Ihren zu Recht *abgeführt* werden, reden Sie sich bitte nicht darauf aus, daß die von Ihnen angewandten Methoden im Buch „So reißt man auf" ausdrücklich empfohlen wurden. Im Gegenteil: Der eine oder andere Gag ist lediglich für den humoristischen, nicht aber für den *halsbrecherischen* Aufriß gedacht. Autos werden ja auch hergestellt, um Menschen zu befördern und nicht, um diese zu überrollen. Also, *überfahren* Sie Ihre Opfer nicht, gewinnen Sie sie.

Sprachloser Aufriß

Diese Eroberungsmasche empfiehlt sich zwar im besonderen für noch etwas schüchterne oder nervositätsbedingt *stumme* Aufreißer, kann aber ebenso von eiskalten Profis zur Vorspiegelung von durchaus menschlich wirkender Unsicherheit und Sensibilität angewendet werden. Der Aufreißer übermittelt dem Opfer dazu eine handgeschriebene Botschaft und wartet dessen Antwort ab. Durch diese raffinierte Methode dreht er den *Spieß* um, indem er die eigentliche Initiative dem gequälten Opfer überläßt.

Unterscheiden Sie beim „Sprachlosen Aufriß" zwischen zweierlei Möglichkeiten: zum einen die *Hoffnung*methode, bei der Sie dem Opfer bei *sturem* Blick in dessen Augen eine Nachricht in die Hand drücken und sich dann in der guten Hoffnung fluchtartig entfernen, daß sich das Objekt eines Tages bei Ihnen meldet. Erfolgversprechender bietet sich die *Sofortgewinn*methode an, bei der Sie mit roten Bäckchen und schlotternden Knien auf die Reaktion des Opfers warten, um dann unverzüglich aufdringlichere Schritte einzuleiten.

Die folgenden Beispiele lassen sich großteils, je nach Auflösung, mit oder ohne Name und Telefonnummer, als Hoffnungs- oder Sofortgewinnmethode gestalten, so daß Sie diese Entscheidung situationsbedingt und individuell treffen können. Sind Sie in Eile oder tagesbedingt *aufrißuntauglich*, wählen Sie erstere, fühlen Sie sich grundlos sicher und haben zudem, weil etwa im Krankenstand befindlich, ausreichend Zeit, ergreifen Sie letztere Variante. Wichtig ist, das verdutzte Objekt im falschen Glauben zu lassen, Ihre Botschaft wäre spontan für diese Situation und dieses Opfer entstanden und nicht für den inflationären Mehrfacheinsatz gedacht. Noch wichtiger scheint jedoch, daß Sie die schriftliche Nachricht so verfassen, daß sie das Opfer auch lesen kann.

Die Taubstummenmasche

Die Mimikmasche

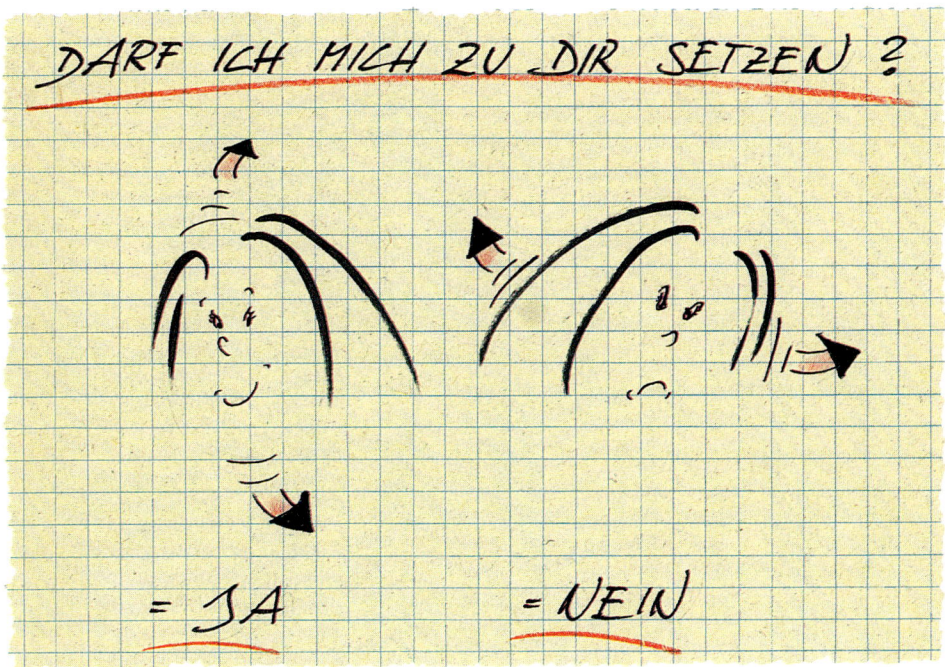

Die Bettlermasche

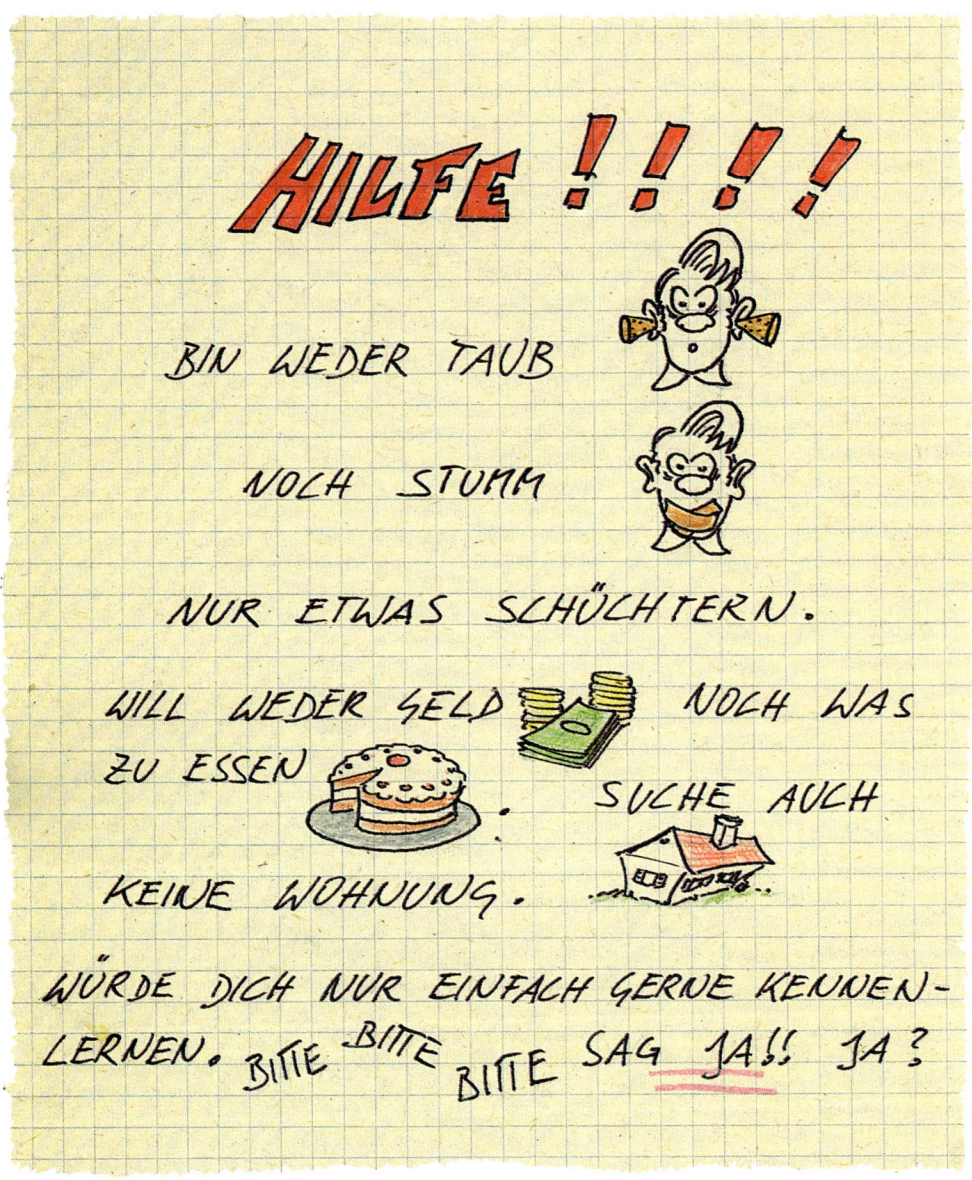

Die Natürlichkeitsmasche

Die Ehrlichkeitsmasche

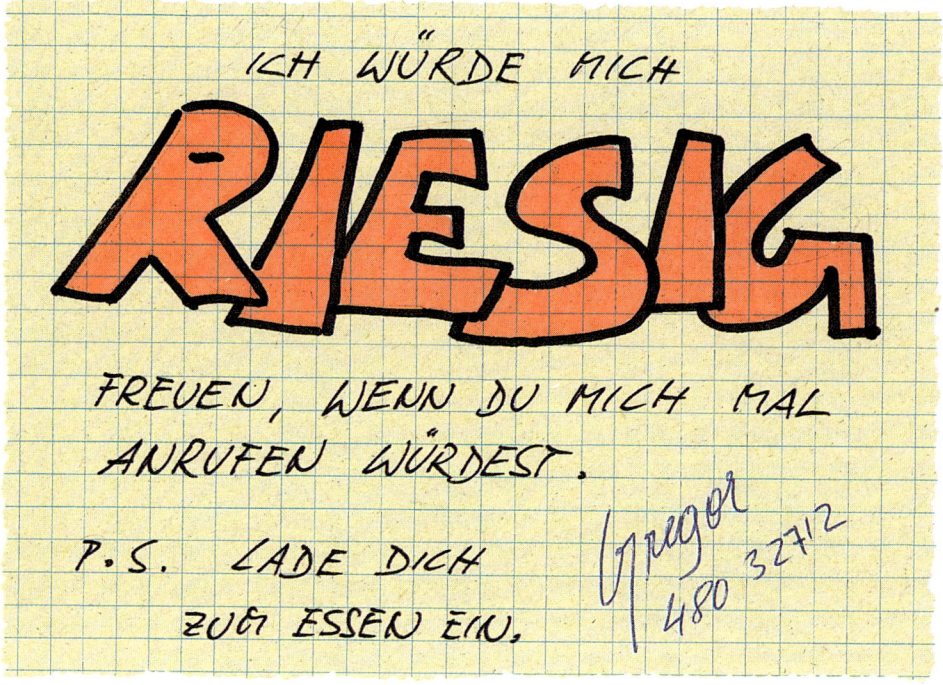

Die Hieroglyphenmasche

Bei dieser Methode gewähren Sie dem Objekt etwas mehr Zeit, sich Ihr Angebot in Ruhe zu überlegen, da es die verschlüsselte Nachricht erst entziffern muß. Sehen Sie *vernünftig* aus, ergibt sich durch wiederholt möglichen Opferblickkontakt vielleicht ein Vorteil für Sie. Im gegenteiligen Fall rate ich Ihnen zu Blitzaktionen unter Ausnützung des strategisch wertvollen Überraschungsmoments. „Entschuldige, darf ich dir unter den Rock fassen?" Unter Zeitdruck neigen Opfer zu unüberlegten Handlungen, was Ihre *Angriffsversuche* zum Erfolg und zu einer unverhofften Zusage führen könnte. – „Äh, na klar doch!"

122

Die Neugiermasche

Es ist durchaus vorstellbar, daß Sie bei Opfern einen denkbar gleichgültigen Eindruck erwecken. Diese Aufrißvariante zielt deshalb darauf ab, die Neugier des Opfers durch geschickte Manipulation ins Unermeßliche zu steigern. Ihre handgeschriebene Botschaft könnte etwa so lauten:

Wenn ich Dich auf einen Drink einladen darf, erfährst Du,

○ warum man mich „den Killer" nennt,
○ was ich im Knast so alles erlebt habe,
○ wieso ich die 2. Grundschulklasse dreimal wiederholen mußte,
○ warum ich gerade Dich aufs Kreuz legen will,
○ wie man es auf einem Mercedes-Rücksitz macht,
○ weshalb Du meinem Angebot gar nicht widerstehen konntest!

Ein Nicken reicht, und ich bin schon halb in Dir, Baby!

Ich hoffe, Sie haben den *beispielhaften* Charakter dieses Entwurfes richtig verstanden. Selbstverständlich bleibt die Textwahl, sollte Ihnen etwas Besseres einfallen, ganz und gar Ihnen überlassen.

Die Glückslosmasche

Diese Masche basiert auf der Tatsache, daß neunundneunzig von hundert Personen unter akutem Geldmangel leiden und deshalb *kostenlosen Gewinnen* jederzeit aufgeschlossen gegenüberstehen. Treffen Sie die hundertste, ergibt sich nur eine kleine, unbedeutende Änderung: Aus der *Glückslosmasche* wird die *Glücklosmasche*.

Vorderseite   *Kehrseite*

Übersinnlicher Aufriß

Mit dieser genialen Masche[1] packen Sie das Opfer wirklich an der Wurzel. Nicht an der Haarwurzel, wie Sie jetzt womöglich denken, sondern an seinem Ego. Welches *Objekt der Neugierde* möchte nicht selbst über sich wissen, ob es ganz o. k. oder ganz k. o. ist, wie es auf andere wirkt und wie es ihm in Zukunft ergeht. Das ist auch ganz verständlich, wenn man weiß, daß das menschliche Selbstbild nichts anderes als eine Kombination aus der gesammelten Erfahrung darüber ist, wie andere einen sehen und behandelt haben, und den Schlußfolgerungen aus dem persönlichen Vergleich mit anderen. – „Alle lachen über meine große Nase, ergo bin ich ein sehr humorvoller Mensch. Andere Menschennasen sind nur halb so groß wie die meine, ergo *rieche* ich besser!"

Alle Opfer, die ich im Laufe meines Eroberungsfeldzuges *erlegt* hatte, waren richtiggehend lüstern, meine Meinung über sie zu erfahren. Manche liehen mir zwar vorübergehend nicht ihren Leib, keines wollte aber darauf verzichten, seine Aktiva und Passiva samt zukünftigen Aussichten aus meinem Munde zu erfahren. Vor allem die ausgiebige Bauchpinselung der Aktiva führte dann meist doch noch zur Zähmung der Widerspenstigen.

Übersinnlicher Aufriß eignet sich längst nicht nur für Eroberungen aller Art, sondern bietet sich auch als geradezu ideales Thema für Smalltalk an. Während Ihnen der Zuhörer größtmögliche Aufmerksamkeit entgegenbringt, lernen Sie ihn oft besser kennen, als diesem lieb ist.

Persönlichkeitsstudie

Eben Gesagtes gilt besonders für diese Eroberungsmasche, für die Sie nicht mehr brauchen, als Sie haben: bescheidene Menschenkenntnis und eine gute Beobachtungsgabe. Nachdem Sie Ihren bislang völlig unbekannten Wunschpartner mit „Ich habe

---

[1] Nicht zu verwechseln mit der genitalen Masche.

schon viel von Ihnen gehört" mysteriös angesprochen und neugierig gemacht haben, lassen Sie Ihrer Phantasie freien Lauf. Mit Charme und dem Ihnen angeborenen Witz[1] erzählen Sie dem Opfer Ihre kühnsten Vermutungen über seine Person.

Aufreißer: „Sie sind etwa achtunddreißig Jahre alt . . ."

Opfer: „Danke, aber ich bin erst fünfundzwanzig . . ."

Aufreißer: „Sie sind blond gelockt . . ."

Opfer: „Was Sie nicht sagen . . ."

Aufreißer: „Ihre Augen leuchten. Sie sind verliebt!"

Opfer: „Nicht daß ich wüßte . . ."

Aufreißer: „Ihren Händen nach arbeiten Sie, äh, am Bau?"

Opfer: „Ich bin Sekretärin in einem Büro."

Aufreißer: „Sie hatten schon mehrere Verehrer . . ."

Opfer: „Keine erwähnenswerten . . ."

Aufreißer: „Sie lieben die spontane Liebe . . ."

Opfer: „Darum bin ich ja jetzt im achten Monat schwanger."

Aufreißer: „Ach ja, richtig. Jetzt, wo Sie es sagen . . ."
            (Beobachtungsgabe!)

Obwohl der Aufreißer mit dem sich *vermehrenden* Objekt erst wenige Minuten bekannt ist, kennt er das Opferalter, seine Haarfarbe und den Beruf. Ferner weiß er, daß das Objekt derzeit nicht verliebt, aber dennoch *belegt* ist. Er entschließt sich, die geplanten *Aktivitäten* um einige Monate zu verschieben, denn: Aufgeschoben ist nicht aufgehoben.

---

[1] Siehe Spiegelbild.

Handerlesener Aufriß

Über einen zweideutigen Scherz kommen Sie mit dem Wunschkandidaten ins Gespräch: „Entschuldigung, darf ich Sie um Ihre Hand bitten?" Noch ehe das verbissene Lächeln Ihres Gegenübers in schallendes Gelächter übergeht, fahren Sie fort[1]: „Ich würde Ihnen gerne die Zukunft daraus lesen." Achten Sie vorsichtshalber darauf, daß Ihnen die erst verweigerte und nun entgegen*fliegende* Hand nicht ins Gesicht klatscht. Zu Ihrer *handlichen* Information sei gesagt, daß es vier Hauptlinien gibt: die Herz-, die Kopf-, die Lebens- und die Schicksals- oder Glückslinie. Näheres entnehmen Sie bitte der folgenden Kurzerläuterung, einem einschlägigen Buch oder Ihrer Phantasie.

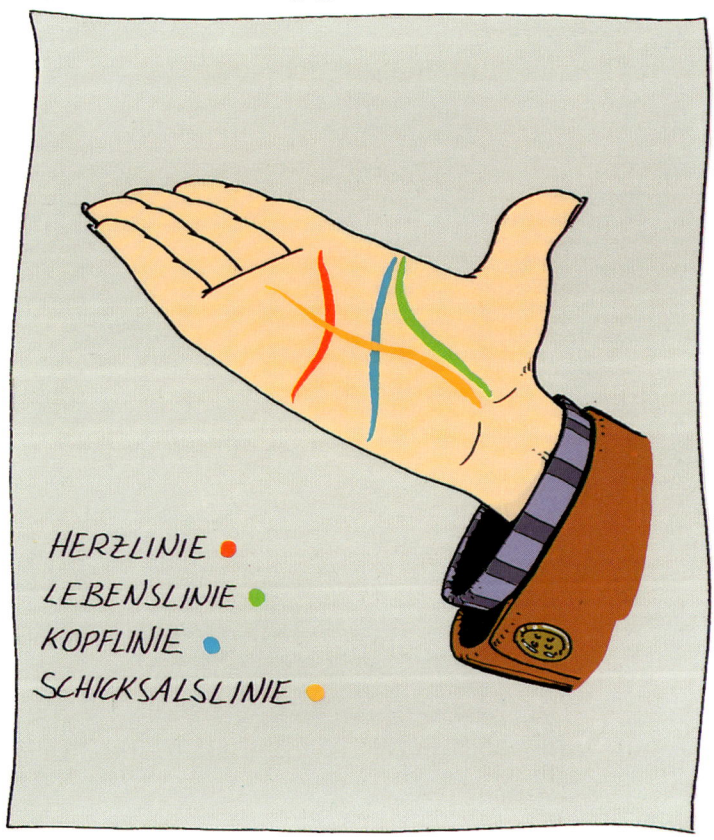

HERZLINIE ●

LEBENSLINIE ●

KOPFLINIE ●

SCHICKSALSLINIE ●

---

[1] Sprachlich, nicht motorisiert gemeint.

Die Lebenslinie

Je kürzer die Lebenslinie des *erlesenen* Opfers, desto weniger Zeit dürfen Sie sich bei dessen Eroberung lassen. Die starke, lange, wohlgebildete Lebenslinie ohne Unterbrechungen oder Unregelmäßigkeiten hingegen symbolisiert ein langes, vor Gesundheit strotzendes Leben und einen ausgeglichenen Charakter. Warnung für Erbschleicher: Sie sterben wahrscheinlich früher als das Objekt!

Die Schicksalslinie

Achtung, Lottospieler: Die lange, einfache, klare und gut gezeichnete Schicksalslinie verspricht Glück und Gesundheit. Achtung, Geschäftsleute: Bricht die Schicksalslinie bereits an der Kopflinie ab, deutet dies auf Unglück und sozialen Abstieg hin. Ihr Hoffnungsschimmer: Jeder Zweig ist eine Leiter zum Aufstieg. Opfer ohne Schicksalslinie könnten Aufreißern einen Schicksalsschlag versetzen: Unfähig ein geregeltes Leben zu führen, lieben sie die Herumtreiberei.

Die Kopflinie

Gerade verlaufend, verrät sie Geschäftstüchtigkeit, Verwaltungsgeschick, Ordnungssinn und als kostenlose Draufgabe eventuell auch noch Geiz und Habsucht. Mystik und Magie umgibt die Opferhand im Falle einer stark nach unten gebogenen Linie. Endet die Kopflinie gabelförmig, deutet dies nicht darauf hin, daß das Subjekt Sie *aufgabeln* will, sondern auf dessen Erfindergeist in Sachen Vorwände, Diplomatie und *kurze Beine*. Objekte mit verstümmelter Kopflinie neigen durch Gedächtnisausfälle dazu, Eroberer kurzfristig zu vergessen. Viele Ästelungen warnen vor möglicher Geistesschwäche, zumindest aber vor Migräne. Erhöhte Vorsicht ist bei *One-night-stands* geboten, wenn sich die Kopflinie mit der Lebenslinie vereint. Dies läßt gesteigerte Fruchtbarkeit vermuten!

Die Herzlinie

Die deutliche, lange, nicht zerfaserte, gebogene Herzlinie spricht für ein warmherziges Geschöpf: gefühlsbetont, zärtlich und besonders liebesfähig. Ist die Linie gerade, zerfasert oder durchschneidet sie die ganze Hand, lassen Sie (nicht nur) die Finger von ihm. Das Objekt neigt in diesem Falle zu Grausamkeit, Bosheit und Gewalttätigkeit.[1] Endet eine stark gebogene Herzlinie vorzeitig unter dem Mittelfinger, reduziert sich die angesprochene Liebesfähigkeit auf blanke Wollust.[2] Fehlt die Endverästelung, könnte es sich um Herzenshärte handeln, von Punkten unterbrochene Herzlinien hingegen bescheinigen dem Handeigentümer Liebeskummer. Kennt das Opfer Sie womöglich schon von früher?

Aus der Vergangenheit und Gegenwart, die Sie aus der jeweiligen Handinnenseite erlesen oder, besser gesagt, erraten, erfahren Sie, wie schon bei der Persönlichkeitsstudie, viel über das *gegenwärtige* Objekt. In die *objektive* Zukunft können Sie sich vorbeugend bereits *klammheimlich* einbauen.

Aufreißer: „Sie haben kürzlich einen interessanten Mann kennengelernt."

Opfer: „Äh, nein, ich habe, glaube ich, niemanden . . ."

Aufreißer: „Ich meine, *sehr* kürzlich . . ."

Opfer: „Hmmm, nein, ich habe keinen interessanten Mann kennengelernt. Nur Sie!"

Viel Aufschlußreiches können Sie im übrigen nicht nur an den Handlinien erkennen, sondern den Opfern an den Fingern ablesen. „Das mache ich mit dem kleinen Finger" ist keine bloße Redensart. Dieser schlimme Finger symbolisiert nämlich Sexualität sowie Emotionalität. Ist er zu kurz, reicht er also nicht bis

---

[1] Achtung, männliche Aufreißer: Bei Oralsex besteht Kastrationsgefahr.
[2] Die Telefonnummer des Autors erhalten solche Objekte über den Verlag.

an das Nagelglied des Ringfingers, weist das auf *reifliche Unreife* hin. Der Mittelfinger steht für Verantwortungsgefühl und Zuverlässigkeit, der erhobene Zeigefinger legt Führungsqualitäten offen, aber auch Neigungen zu Herrschsucht und Egozentrik. Über den Ringfinger weiß ich nicht mehr als Sie, und der Daumen schüttelt bekanntlich die Pflaumen. Oder sind Sie etwa noch nie *geschüttelt* worden?

Die astrologische Masche

Zugegeben, diese Methode ist durch die vielen trivialen Tageshoroskope schon etwas abgenutzt, hat aber ihren Reiz noch längst nicht verloren. Allein die Frage nach dem Sternzeichen vergrößert allfällige Objektaugen beträchtlich und stellt dessen Lauscher auf erhöhte Aufnahmebereitschaft. – „Steinbock sind Sie? Das habe ich mir gleich gedacht, weil Sie so schweigsam waren. Ja, ja, Steinböcke sind ruhige Tiere, äh, Menschen. Ruhig, ausdauernd, klug und vor allem willensstark. Wenn *Sie* mich wollen, dann kriegen Sie mich auch!"
Wie bei allen übersinnlichen Maschen, schadet Grundwissen auch beim astrologischen Aufriß nicht, im Gegenteil. Zählen Sie jedoch zu den Menschen, die sich nicht alles merken können, greifen Sie auf Ihren Erfindergeist zurück. – „Als ich Sie vorhin durch die angelehnte Toilettentüre beim Pissoir gesehen und erlebt habe, wie geschickt Sie *ihn* ausgeschüttelt haben, habe ich schon vermutet, daß Sie Wassermann sind. Man sieht es übrigens jetzt noch an Ihrer Hose!"
Auch *konstruierte* Vergleiche mit dem Opfer und Personen desselben Sternzeichens lohnen sich. – „Was, Skorpion sind Sie? Also die letzte Skorpionfrau, die ich erleben durfte, war einfach der totale Wahnsinn. Und leidenschaftlich, sag ich Ihnen, mhhh, also, ich habe ja gehört, daß die meisten Skorpione überaus sinnlich und die begnadetsten Liebhaber überhaupt sind. Stimmt das?"

Astrologischer Schnellkurs

Widder
Ein *widderwärtiges*, Jugend ausstrahlendes Energiebündel: aktiv, initiativ, mutig, unternehmungslustig. Sein Element: das Feuer!

Stier
Er steht für das Mütterliche: Gefühl, Wahrheit, Bodenständigkeit, aber auch Entschlossenheit. *Muttersöhnchen* sind im Element der Erde geboren.

Zwilling
Der naturverbundene Typ, der sich gerne verzweigt, ist in der „Luft" in seinem Element. Ansonsten: beweglich, schnell, hochgeistig, sprachbegabt und wißbegierig, aber auch unruhig und nervös.

Krebs
Sein Element ist das Wasser, seine Markenzeichen die Häuslichkeit, Sicherheit, Verantwortung und die Wechselhaftigkeit.

Löwe
Dieser verschwenderische, großzügige Zeitgenosse hat das Element des Feuers in sich. Er ist vital, mutig, genußsüchtig, machthungrig, ausdauernd und unabhängig.

Jungfrau
Als *empfangendes* Geschöpf wird die erdverbundene Jungfrau ihrem Namen nicht immer gerecht. Ansonsten liebt sie Details, Kontrolle, Güte, Fleiß und Zuverlässigkeit.

Waage
Im Element der Luft steht sie für Ausgeglichenheit. Ihr Sinn für das Schöne macht es so manchen Eroberern schwer. Sie liebt Frieden, Toleranz, Gerechtigkeit, Gegensätze und geistreiche Menschen. – Nichts für Sie?

Skorpion
Dieser introvertierte, schwer zugängliche Zeitgenosse ist bei Unholden dank seiner Triebhaftigkeit berühmt und berüchtigt.

Weitere Eigenschaften: willensstark, ausdauernd, ernst, widerstandsfähig, Gerechtigkeitssinn. Sein Element: das Wasser.

Schütze
Ein ehrgeiziges Temperamentsbündel im Element des Feuers. Er liebt die Verantwortung, Freiheit, Unabhängigkeit und die Offenheit. Und er liebt es, gelobt zu werden.

Steinbock
Das *irdische* Organisationstalent steht für Beständigkeit, Vertrauen, Sicherheit, Intuition und Kraft, gilt aber auch als hartherzig, starrköpfig und pessimistisch.

Wassermann
Ein hochgeistiger, kreativer Mensch mit Hang zu Wissen, Besitz, Genuß, Arbeit, Entschlossenheit und Unabhängigkeit. Sein Element ist . . .? Na? Daaaas . . .? Die Luft!

Wassermann jagt Jungfrau

Fisch

Ein wechselhaftes Persönchen, mal Trübsal blasend, mal himmelhoch jauchzend. Abhängig davon, was er an der Angel hat. Er symbolisiert Vertrauen, Gleichberechtigung, Sehnsucht, Liebe, Phantasie und Hingabe. Sein Element ist . . .? Na? Diiiie . . .? Das Wasser.

Beschwingter Aufriß

Ein schmuckes Pendel immerwährend bei sich zu tragen, stellt also wirklich keine *erschwerende* Belastung dar. Vor allem dann nicht, wenn man weiß, wie praktisch so ein Pendel ist. Sie bewegen es so, daß es in die Richtung des begehrten Objektes ausschlägt und *pendeln* langsam dorthin, bis Sie an das Opfer anstoßen. „Entschuldigen Sie, aber ich bin einfach meinem Pendel gefolgt. Ich wollte wissen, ob es in diesem Lokal eine Person gibt, mit der ich irgendwann in meinem Leben *zusammenstoße*."

Verwenden Sie das Pendel nun, um das begonnene Gespräch weiter aufrechtzuerhalten. Simulieren Sie, daß es stark in Richtung Opfernase schwingt, und sprechen Sie von der grassierenden Grippewelle, die in Bälde auch auf das *benäselte* Objekt übergreifen könnte. Schlägt das Pendel mit Ihrer Hilfe mehr in Richtung Opferbrüste aus, wäre vielleicht ein *umfangreiches* Kompliment angebracht: „Ihre Brüste ziehen mich magisch an. Darf ich sie gelegentlich freilegen?"

Selbstverständlich steht auch der Verwendung von Wünschelruten nichts im Wege, außer vielleicht einige Stühle, Tische, Gläser und Vitrinen. Wünschelruten sind zwar etwas aus der Mode gekommen, dafür aber um so auffallender.

Hilfreich in der Wüste: Pendel findet „potenzielle" Wasserader

Karten legen

Wer Subjekten auf diese Art die Zukunft deutet, hat im *gezinkten Falle* immer gute Karten. Der Karobube, der zufällig vom Tisch fällt, *war*, welch Schicksalsschlag, der derzeitige Lebensgefährte des Opfers. Mit dem Herzbuben bringen Sie sich selbst ins Spiel, und der nachfolgende König macht auch dem ungläubigsten Objekt klar, daß Sie sein neuer Trumpf sind.

Die träumerische Masche

Hat Sie schon jemals eine wildfremde Person mit den Worten angesprochen: „Das gibt es nicht, von Ihnen habe ich letzte Nacht geträumt, ich schwöre es. Und jetzt treffe ich Sie hier, das darf doch nicht wahr sein!" Erzählen Sie mir nicht, daß Sie anschließend nicht sofort wissen wollten, was in diesem Traum sonst noch alles unfreiwillig mit Ihnen geschah. — „Ich sehe alles nur noch ganz dunkel vor mir. Es war Nacht, wir sind gemeinsam durch die Lüfte geflogen, wie Bienen. Auf jeder Blüte sind wir gelandet und haben uns befruchtet. Es war wunderbar . . ."

Ich hoffe, Sie erkennen den *beispielhaften* Charakter dieser *traumhaften* Variante. Natürlich müssen Sie nicht gleich so direkt werden. Genauso möglich ist, daß Sie im Traum ein Schmetterling waren und dem Opfer lediglich in die Bluse geflogen sind.

Umgekehrt besteht für Sie vielleicht auch die spannende Möglichkeit, Opferträume entschlüsseln zu dürfen. Hier ein paar Anhaltspunkte dafür.

Traumsymbole und deren Deutung

Im Traum eine Braut sein	– Unglück
Eine Braut sterben sehen	– Verdammt lange Ehe
Beischlaf	– Kummer, Verlegenheit
Verführung	– Unheil und Not
Ehebruch	– Brandgefahr
Küssen einer Frau	– Aussicht auf Gewinn
Prostituierte	– Glück im Spiel
Strümpfe finden	– Glück in der Liebe
Klopfen	– Unbeständigkeit in der Liebe
Steinhaufen	– Baldige Heirat nicht ausgeschlossen
Fingerhut	– Jungfrau heiraten
Pferde abspannen	– Viele Liebschaften
Katze	– Unzucht
Nonne	– Liebe verlieren
Pfirsich	– Wiedervereinigung mit Geliebter

Handgeschriebener Aufriß

Nicht nur spirituelle, auch wissenschaftliche Praktiken wie die Graphologie bieten Aufschlußreiches über unbekannte Objekte. Was spricht dagegen, diese Methode statt für Recherchen über Berufsbewerber für die Anwerbung von Opfern anzuwenden?

Vorgangsweise:

Mit Papier und Kugelschreiber bewaffnet, treten Sie der auserwählten Person auf die Füße, schieben ihr ein leeres Papier unter die Nase, den Schreiber zwischen die Finger und sagen: „Unterschreiben Sie hier!" In der fälschlichen Meinung, einem Autogrammjäger begegnet zu sein, wird Ihnen selbst ein bloßer Maurerlehrling, im folgenden kurz Y genannt, seine Blankounterschrift nicht verwehren.
Nun bieten sich Ihnen, im folgenden kurz K genannt, zwei Möglichkeiten. Entweder Sie schreiben über die Unterschrift den Satz: „Hiermit bestätige ich, Y, daß ich Herrn K DM 50.000,– schulde und diese Summe zuzüglich 25% Zinsen und Mehrwertsteuer binnen eines Monats zurückzahle."[1] Oder Sie erzählen dem neugierigen Menschen, was Sie durch seine Schrift über ihn in Erfahrung bringen können.

Sachdienliche Hinweise:

Hochstapelei

Hohe Oberlängen sind Zeichen für Begeisterungsfähigkeit und intellektuelles Interesse, können aber auch Oberflächlichkeit bedeuten. Niedrige Oberlängen weisen auf ein eher verkümmertes intellektuelles Interesse.

---

[1] Methode für mehrjährigen Haft-Urlaub.

Tiefstapelei

Beeindruckende Unterlängen deuten auf starke Triebe, Schwerfälligkeit, Beharrlichkeit, materielles Verankerungsinteresse. Gehen Unterlängen nicht so tief, kann man auf Zurückhaltung und fehlende Durchsetzungskraft schließen.

Mittelschicht

Die Schriftgröße der Mittelzone verrät das Selbstwertgefühl des Schreiberlings. Groß: unternehmungslustig, stolz, hochmütig, egozentrisch, großmütig. Klein: Minderwertigkeitskomplexe, zweifelnd und selbstkritisch.

Linksextrem

Linksschräge sind out: zurückhaltend, ablehnend, selbstbezogen, selbstherrlich. Vorsicht, Falle!

Rechtslastig

Rechtsschräge haben Interesse an Gott und der Welt, sind gefühlswarm, kontaktfreudig, aufgeschlossen, ungezwungen. Nichts wie ran!

Steile Schrift

Langweiler mit wenig Temperament, aber dafür mit viel Kälte, Besonnenheit und Teilnahmslosigkeit.

Rundum

Sogenannte Arkaden erkennt man an bogenförmigen Wölbungen. Sie verraten Verschlossenheit und Kontaktarmut.

Oben ohne

Im Gegensatz zu Arkaden drücken Girlanden eher Offenheit, Freundlichkeit und Aufgeschlossenheit aus. Möglich wären aber auch Eigenschaften wie Unselbständigkeit und Beeinflußbarkeit.

Spitzfindigkeiten

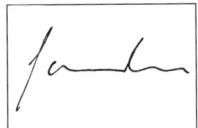

Winkelschriften verraten des öfteren Durchsetzungsvermögen, Willenskraft und wilde Entschlossenheit.

Fadenscheinige Schrift

Menschen, die mit minimalstem Einsatz das Optimum erreichen wollen. Markenzeichen: raffiniert, diplomatisch, hinterlistig, verschlagen!

Rechtsdrall

Rechtsläufig endende Schrift besagt Tatendrang. Zu starker Rechtsdrall deutet auf Verschwendungssucht.

Linksdrall

Ausgeprägter Hang zur Selbstbehauptung. Bevorzugt egoistisch, introvertiert.

So Sie graphologisch zu der *fadenscheinigen* Spezies zählen, dürften Ihnen diese Anhaltspunkte ausreichen, um bei Opfern aufzuschneiden. Der Ordnung halber sei festgestellt, daß es sich bei den angeführten Deutungen lediglich um Anhaltspunkte handelt, die erst in der Summe ihrer Erkenntnisse exakt bewertet werden können. Aber ich nehme an, das stört Sie nicht weiter.

Möglicherweise brauchen Sie all die Tips auf den vorhergehenden Seiten gar nicht, weil Sie selbst ein vorausblickendes Wesen mit hellseherischen Fähigkeiten sind, vielleicht eine Art Medium? Schütteln Sie jetzt nicht gleich den Kopf, nichts ist unmöglich, schon gar nicht bei Ihnen. Wenn schon gewöhnliches Fernsehen ein Medium ist, warum dann nicht Sie?

Verschenkter Aufriß

Kleine Geschenke erhalten nicht nur die Freundschaft, sie lassen die eine oder andere auch entstehen. Damit wir uns richtig verstehen: Es geht hier nicht um Liebesbeweise für bekannte, flüchtige Objekte, sondern ausschließlich um kleine Mitbringsel, mit deren Hilfe Sie nagelneue Opfer ansprechen und deren Interesse *erkaufen* können.

Demzufolge dreht es sich bei dieser Methode um *gemeinnützige* Präsente, die sowohl Ihnen als auch dem Objekt Ihrer Begierde von beträchtlichem Nutzen sind. Da Sie vor dessen Entdeckung nicht ahnen können, um was für ein Subjekt es sich handelt, kommt eine individuell angepaßte Beschenkung, obwohl ideal, leider nicht in Frage. Natürlich wäre es, würde man das Opfer kennen, problemlos möglich, auf die unterschiedlichsten Bedürfnisse und Eigenheiten geschenksspezifisch einzugehen: ein Schirm für *im Regen Stehende*, Abführmittel für *Verstopfte*, die Pille für *Vergeßliche*. Aber wie gesagt, wollte man allen Ansprüchen gerecht werden, müßte man als Aufreißer stets einen Musterkoffer nach Vertretervorbild bei sich tragen.

Kleine Präsente für den effizienten Aufriß zeichnen sich vor allem durch ihre psychologisch tiefgreifende Wirkung aus. Das beschenkte Geschöpf gerät moralisch in Ihre Schuld und wird das traurige Gefühl nicht mehr los, eine entsprechende Gegenleistung erbringen zu müssen, und seien es nur ein paar Minuten belangloser Plauderei mit Ihnen.

Von allen nun folgenden Geschenksmaschen hat sich, für mich persönlich, ganz eindeutig die erste nun folgende Variante als die mit Abstand erfolgreichste herauskristallisiert:

Die ökonomische Masche

Schenken Sie dem Pechvogel, den Sie zu erobern gedenken, einfach dieses Buch. Aber natürlich nicht Ihr abgegriffenes, sondern ein neues. Ich bin sicher, es liegen noch viele Exemplare unberührt in zahlreichen Buchhandlungen. Sollten Sie täglich mehrere in Frage kommende Opfer treffen, tragen Sie am besten immer einen kleinen Buchvorrat bei sich.

Schreiben Sie auf der eigens dafür freigehaltenen Widmungsseite am Anfang des Buches ein paar Worte an den Leidtragenden. Etwa, daß Sie ihm dieses Buch mit der Bitte schenken, es zu lesen und anzukreuzen, mit welcher Eroberungsmethode Sie am ehesten bei ihm landen könnten.

Beispiel

Ein theoretischer Aufreißer, angeblich männlich, schenkt dieses Buch einer fiktiven Frau namens Gudrun. Gudrun ist dem Aufreißer zwar seit vielen Jahren optisch und namentlich bekannt, als mögliches Opfer jedoch erst neuerdings in den Sinn gekommen.

Beispielhafte Widmung

> Liebe Gudrun!
>
> Du bist mir schon aufgefallen, als Du noch jung und Deine Brüste noch so klein wie heute waren. Du hast immer in unserem Hof gespielt, aber immer mit anderen Jungs. Nun fände ich es ehrlich gesagt an der Zeit, daß Du mal mit mir spielst. Deshalb verleihe ich Dir dieses Buch. Lies es doch bitte durch, oder, falls es Dir schwerfällt, laß es Dir vorlesen. Bevor Du mir mein Geschenk wieder zurückgibst, kreuze doch bitte an, mit welcher der beschriebenen Maschen ich am schnellsten bei Dir /im Bett/ landen kann.
>
> Thomas

Gänzlich unbekannten Wunschkandidaten schreiben Sie einfach ein nettes Kompliment ins Buch, den Wunsch um Ankreuzung der entsprechenden Maschen und Ihren Namen samt Anschrift inklusive Telefonnummer. Wenn Sie mein Konterfei am Schutzumschlag entfernen, verliert das Buch zwar sein *strahlendes Antlitz*, Ihnen eröffnet sich dadurch jedoch eine einmalige Gelegenheit. Sie geben sich als berühmter Autor aus, als Thomas Rhomberg, und signieren das Buch in Gegenwart des verblüfften Opfers höchstpersönlich. Zu diesem redlichen Zweck hier nun meine Originalunterschrift zur freundlichen Fälschung, mit der Bitte, die Signatur nicht für Überweisungen oder Verträge heranzuziehen.

Vergessen Sie nicht, zu Hause auch Ihren Anrufbeantworter neu zu besprechen und das Schild am Briefkasten entsprechend zu ändern. Lernen Sie, auf den schönen Rufnamen Thomas *in flagranti* zu reagieren. Bis zu einer allfälligen Hochzeit mit dem getäuschten Opfer bleibt Ihnen genügend Zeit, den *Irrtum* aufzuklären. PS: Diese Fälschungsmasche können Sie natürlich auch mit anderen Büchern praktizieren. „Gestatten, Ephraim Kishon mein Name."

Die glückbringende Masche

Es sind bekanntlich nicht die materiellen, sondern die *handgestrickten* Geschenke, die am meisten erfreuen. Dies trifft in besonderem Maße auch auf den Schenkenden zu, der sich so im Laufe der Zeit viel Geld ersparen kann. Wie aber verwandelt man einen materiell wertlosen Gegenstand kostenlos in ein *hochkarätiges* Präsent? Ganz einfach, man verleiht ihm im Augenblick der Trennung *persönliche Erinnerungen* und das nötige *Gewicht.* Der ideelle Wert steht sodann in keinem relevanten Verhältnis mehr zu vergleichbaren Produkten am Markt, da es sich ab sofort um „Liebhaberei" handelt. Und damit sind wir wieder beim Thema. Sie beschämen Ihre Liebelei mit einem soeben zur Liebhaberei ernannten Liebhaberstück.

Schulbeispiel:

Sie, von Beruf Aufreißer, *erhaschen* im Park ein attraktives Geschöpf. Geistesgegenwärtig wie selten zuvor ergreifen Sie einen *herumlungernden* Stein und laufen, so schnell es Ihre Beine noch zulassen, auf das Herzblatt zu, ohne dieses jedoch zu *überlaufen.*[1] Nun sprechen Sie es *komplimentär* an und schenken ihm zur *Krönung* keinen Kaffee, sondern Ihren *auferlesenen* Glücksbringer, den Sie, wie Sie theatralisch ausführen, seit Ihrer Jugend bei sich tragen. – „Es ist zwar kein Diamant, aber ein *Juwel*, genau wie Sie. Er hat mir immer Glück gebracht. Ohne ihn hätte ich Sie nie kennengelernt." Ist das Steinchen groß genug, beschriften Sie es mit Namen und Telefonnummer. Das beschenkte Objekt ist tief gerührt, den Tränen nahe.

Ich muß wohl nicht extra erwähnen, daß Sie nicht nur Steine, sondern Gerümpel aller Art als Glücksbringer einsetzen können. Oder muß ich es doch?

Klassische Geschenksmaschen

Das Opfer will rauchen, hat aber kein Feuer. Das Opfer will schreiben, hat aber keinen Stift. „Hatte", heißt das ab sofort. Denn jetzt kommen Sie, und Ihre Taschen sind prall gefüllt mit bedruckten Kugelschreibern, Streichhölzern und Feuerzeugen. Großzügig, wie Sie früher einmal waren, schenken Sie das Utensil, versehen mit Ihrer Werbebotschaft, gleich dem Auserwählten. Selbstverständlich nur gegen entsprechende Gegenleistung. Ganz nach Ihrem Motto: „Umsonst gibt es bei mir gar nichts!"

Die intelligente Masche

Lassen Sie sich vom Titel nicht täuschen, diese Aufrißmethode können auch Sie anwenden. Intelligent ist diese Masche durch die sofort mögliche Erzielung einer „Vereinbarung zur gemeinsamen Unternehmung" trotz unaufdringlicher Kontaktaufnahme.

Besorgen Sie sich schon im Vorfeld von all jenen Veranstaltungen Karten, die bereits nach wenigen Vorverkaufstagen ver-

---

[1] Bremsweg unter Berücksichtigung der Bodenverhältnisse berechnen!

griffen sind. Damit avancieren Sie zu einer gefragten Person, zu einem Besitzer von Raritäten in Form von Konzert-, Theater- oder Kabarettkarten, ganz nach Ihrem persönlichen Gutdünken. Entdecken Sie in einer Diskothek ein tanzendes *Schüttelobjekt*, schleifen Sie es schnurstracks von der Tanzfläche, erklären Sie ihm, daß Sie, da sich Ihr Bekannter bei der Besichtigung des Eiffelturms zu weit hinausgebeugt hat, eine Superkarte für das Heino-Konzert *überflüssig* haben, und schließen Sie die intelligente Frage an, ob es nicht *zufällig* Lust hätte, mit Ihnen gemeinsam das Konzert zu besuchen.

Selbst wenn Sie als Lebewesen nicht der Traum aller musikbegeisterten Opfer sind, stehen Ihre Chancen gar nicht schlecht. Spielen Sie Ihre Trauer ob Ihres verlorenen Bekannten aber nicht zu dramatisch aus. Ansonsten bietet Ihnen Ihre flüchtige Bekanntschaft vielleicht an, Ihnen beide Karten vergünstigt bis gratis abzukaufen, um Sie von dem Konzertbesuch, der bei Ihnen doch nur schmerzliche Erinnerungen hervorrufen würde, fürsorglich zu entbinden.

Geschenksallerlei

Unternehmen Sie mit offenen Augen einen Einkaufsbummel, stoßen Sie mit Sicherheit auf viele, für die Geschenksmasche durchaus in Betracht kommende Produkte, etwa auf eine Tafel Milka-Schokolade, „für die zarteste Versuchung, seit es schöne Opfer gibt". Oder, geschätzte Leserinnen, wäre es nicht an der Zeit, Ihrem platonischen Verehrer Margarine namens „Du darfst" zu überreichen? Nicht verzagen, meine Herren, „Du darfst" gibt es für zu beglückende Damen auch in männlicher Streichwurstform. Zeigt sich das beschenkte Subjekt durch Ihre kleine Aufmerksamkeit unverständlicherweise *verschnupft*, vervollständigen Sie die *Bescherung* mit einem Papiertaschentuch. 'Also, auf in die Geschäfte, allen voran in die Buchhandlungen, und besorgen Sie sich alles, was Sie brauchen, um in Konkurs zu gehen.

Die Gutscheinmasche

Diese Methode ist zwar nicht neu, hat aber in Sachen Aufriß immer noch ihre Existenzberechtigung. Gutscheine gibt es im Schreibwaren- oder Geschenkshandel zu kaufen, teils ausgefüllt, teils leer und auf Ihre *Ergüsse* wartend. Trotz allem empfehle ich Ihnen aus *Persönlichkeitsgründen* die individuelle Selbstgestaltung des Bons. Die Einladung zum Abendessen bei McDonalds können Sie in Form einer netten Speisekarte gestalten, für die offerierte Bootsfahrt basteln Sie ein Papierschiffchen, und für die angebotene *Natursektparty* übergeben Sie ein beschriftetes Sektglas mit einem Zweihundert-Mark-Gutschein.

Künstlerischer Aufriß

Sie müssen nicht Otto heißen, um Otto zu sein, *Otto Normalverbraucher* nämlich. Als ein solcher Otto-Aufreißer können Sie künstlerische Maschen bedenkenlos anwenden, ohne daß das Otto-Opfer merkt, daß Sie nur ein *künstlicher* Künstler sind. Moderne Kunst ist längst zu einer elitären Angelegenheit geworden. Nur Experten auf diesem Gebiet können heute noch zwischen moderner Kunst und modernem Kitsch unterscheiden. Ihre Hoffnung besteht bei dieser Eroberungsmethode also darin, daß Ihr Objekt ebenfalls den Beinamen *Otto* trägt, was sich bei einer Wahrscheinlichkeit von über fünfundneunzig Prozent auch bewahrheiten wird.

Sollte Ihr äußeres Erscheinungsbild trotz gezieltem Eigenmarketing als *verwegen* gelten, ist Ihr unzivilisiertes Auftreten für die breite Öffentlichkeit des öfteren seltsam, dann sind Sie der geeignete Kandidat für diese Masche. Als Künstler genießen Sie bekanntlich Narrenfreiheit, und das nicht nur zur Faschingszeit, sondern das ganze Jahr über.

Stellen Sie sich nur die ungeahnten Möglichkeiten in dieser Branche vor. Als Maler und Fotograf porträtieren Sie Ihr williges Opfer im Evaskostüm, als Bildhauer meißeln Sie es bis zur Unkenntlichkeit in Stein, als *Ton*-Künstler modellieren Sie es am *runden Tisch* schwindelig, als Dichter fassen Sie seine Lieblichkeit in süße Verse, als Musiker besingen Sie es ohrenbetäubend, und als Magier verzaubern Sie mit Ihrem Charme jeden Frosch in einen Prinzen.

Ein auf diese Art *künstlich betörtes* Wesen wird Ihnen nicht länger widerstehen können. Welches Subjekt menschlichen Ursprungs träumt nicht davon, von einem Kunstschaffenden für die Ewigkeit *festgehalten* zu werden. Ihr Einwand, daß Sie heute weder fotografieren noch malen, noch singen, noch zaubern können, steht in keinem relevanten Verhältnis zum Selbstdarstellungstrieb allfälliger Opfer.

Kaufen Sie sich einen Fotoapparat, einen Zauberkasten, eine Leinwand samt Ölfarben und beginnen Sie, sich das Ihnen bald zu Füßen liegende Opfer in den *kühnsten* Träumen auszumalen. Wenn Sie sich jedoch erst in eine dieser Richtungen fortbilden wollen, entsprechende Literatur und Kurse gibt es zur Genüge.

Bedenken Sie allerdings, daß gerade durch einen solchen *Wei-terbildungsselbstversuch* Ihr natürlicher, naiver Kunstinstinkt verlorengehen könnte. Vergeuden Sie deshalb keine Zeit mit der Suche nach Ihren verborgenen Talenten, die vermutlich gar nicht existieren. Schreiten Sie mit einer der folgenden Möglichkeiten mutig in die neuen *Aufrißzeiten*.

Die musikalische Masche

Singen kann, *Gott sei Dank*, jeder. So singen, daß es auch anderen gefällt, schafft, *Aufriß sei Dank*, fast keiner. Darin liegt Ihre Chance.

Sie gehen also auf Ihr Opfer zu und sagen: „Darf ich Ihnen etwas vorsingen?" Das Nein des Opfers gar nicht abwartend, beginnen Sie, beispielsweise mit einem umgetexteten Musicalsong auf das Opfer einzusingen. „Du bist so schön, wie Spaniens Blüten blühen, ja wie sie blühen. Du riechst so gut, wie . . .!" Nach etwa zehn Schrecksekunden beenden Sie Ihre Darbietung abrupt und setzen das unter Gehörschock stehende Opfer mit der Frage „Soll ich weitersingen, oder gehen Sie lieber freiwillig mit mir auf einen Kaffee?" unter Zugzwang.

Überziehen Sie die zehn Sekunden deutlich, weil Sie als unmusikalischer Mensch an Ihrem Gesang vielleicht selbst Gefallen gefunden haben, könnte das Opfer zum Zeitpunkt Ihrer erpresserischen Frage *materiell* gar nicht mehr vorhanden sein. Und noch etwas: Je weniger Töne Sie treffen, desto größer sind Ihre Erfolgschancen. Dieser Umstand läßt mich hoffen, daß Sie sehr erfolgreich sein werden.

Die dichterische Masche

Welcher Mensch freut sich nicht über ein paar *komplimentäre* Zeilen, die Sie, wie er fälschlicherweise annimmt, eigens für ihn soeben *erdichtet* haben. In der Realität tragen Sie selbstverständlich immer mehrere Verse, passend auf blond-, schwarz-, braun- oder rothaarige Objekte, bei sich. Im Augenblick der

Wahrheit gehen Sie auf das Opfer mit den Worten „Ihre An-
mut hat mich spontan zu einigen Versen inspiriert, die ich Ihnen gerne überlassen würde" zu und bitten es um seine kritische
Meinung, ohne die Versicherung zu vergessen, daß dieses Gedicht in Ihrem nächsten Buch zur Veröffentlichung gelangen
wird.

Ein *Gedicht* von einem Beispiel:

DU

Du mit deinem lockigen Haar,
blond wie eine Engelschar.
Du mit deinen Brüsten, prall und rund,
und deinem süßen Erdbeermund,
wann werden wir ein Liebespaar?

Du mit deinen strahlend weißen Zähnen,
auch dein gesundes Zahnfleisch ist zu erwähnen.
Du mit deinen langen Beinen,
kaum behaart, im Gegensatz zu meinen.
Laß mich teilhaben an deinen verruchtesten Plänen.

Du darfst mir eines wirklich glauben,
ich möchte dir die Unschuld rauben,
statt dessen raubst du mir den Verstand.
Laß uns fliehen in ein Motel am Land,
damit ich mich in dich kann schrauben.

Du und ich, ich und du
und dazu noch Müllers Kuh.
Du darfst, ans Bett gebunden,
meinen bloßen Körper erkunden,
Bis der Hahn kräht: Muhhhh!

Na, inspiriert? Dann *schreiben* Sie gleich Ihre eigenen Verse irgendwo *ab* und genießen Sie beim Aufriß ab sofort *künstlerische
Freiheit!*

Der malerische Aufriß

Sollten Sie die bisher vorgeschlagenen künstlerischen Maschen noch nicht restlos überzeugt haben, die malerische wird es, dessen bin ich gewiß. Für diese Methode benötigen Sie lediglich ein kleines Stück Papier und einen Bleistift oder Kugelschreiber. Sobald Sie ein begehrenswertes Opfer erblicken, porträtieren Sie es mit wenigen Strichen. Wiederzuerkennende Merkmale spielen dabei eine untergeordnete Rolle. Im Gegenteil, Sie malen aus der Sicht eines *begnadigten* Künstlers. Nachdem Sie Ihr Werk signiert und mit Ihrer Telefonnummer versehen haben, überreichen Sie es dem geschmeichelten Objekt mit einigen netten Worten. „Ich weiß, es ist kein Picasso, aber ich mußte einfach versuchen, dich zu malen. Darf ich dich als *Entschädigung* dafür auf einen Drink einladen?" Und schon sind Sie im Gespräch.

Künstlerisches Kunterbunt

Die Fotografenmasche ist alt, aber immer noch gut. Sie müssen das fotogene Subjekt dazu nicht unbedingt nach Hause abschleppen. Um Kontakt aufzunehmen, genügt auch eine Sofortbildkamera, mit der Sie das Opfer blitzen und das Bild, mit Namen und Telefonnummer versehen, dem geblendeten Objekt gegen Entschädigung aushändigen.

Ein paar kleine Zaubertricks, die ohne weiteres auch mißlingen dürfen, können ebenfalls wahre Aufrißwunder bewirken. Nachdem Sie mit „Darf ich Sie bezaubern?" mystische Verbindung aufgenommen haben, ziehen Sie eine Rose aus dem Ärmel, ohne daß das Opfer Ihren zerstochenen, blutverschmierten Arm zu sehen bekommt.

Die Magie läßt Ihrer Phantasie großen Spielraum. Zaubern Sie Hasen aus dem Hut, laden Sie Ihr Opfer zum gemeinsamen Hasenbraten ein. Zaubern Sie etwas aus Ihrer Hose, sind weitere Worte ohnehin überflüssig. Zersägen Sie Ihr Opfer aus Versehen, ist der Aufriß zwar mit *tödlicher Sicherheit* mißglückt, jedoch bezahlt Ihnen der Staat einen mehrjährigen Aufenthalt, in dessen Verlauf Sie viele neue Zaubertricks einstudieren können.

Last but not least bietet sich Ihnen, so Sie sich noch auf freiem Fuß befinden, die schöpferische Möglichkeit, künstlerische Objekte via Kleinanzeigen zu suchen:

„Leonardo da Vinci sucht Mona Lisa."

„Kleiner Mozart sucht Frauen für seine *Zauberflöte*."

„Thomas Rhomberg sucht Testpersonen für sein neues Buch ‚Perversionen'. Die Telefonnummer erfahren Sie über den Verlag."

Sportlicher Aufriß

Spielend einfach und ärztlich empfohlen, so könnte man in kurzen Zügen den Aufriß während sportlicher Aktivitäten aller Art, Fallschirmspringen einmal ausgenommen, beschreiben. Und das gilt heutzutage keineswegs nur mehr für sportliche Naturen, wie man als Voyeur auf jedem Sportplatz schon nach kürzester Beobachtungszeit unschwer erkennen kann. Der Trend zu körperlicher Fitneß ermuntert die unförmigsten und merkwürdigsten Gestalten zu allen nur erdenklichen Ertüchtigungen. Sie *pflügen* auf Plastikbrettern erst kunstbeschneite, dann plattgewalzte Pisten hinunter, schwimmen in der kalten Jahreszeit in kleinen, viereckigen, überdachten Seen, sogenannten Hallenbädern, auf und ab, joggen bevorzugt Autobahnen entlang und jagen blindlings irgendwelchen farbigen Bällen nach, die sie dann doch nicht treffen.

Da Gemeinsamkeiten bekanntlich verbinden, ergeben sich trotz aller sportlichen Perversion Anlässe genug, in denen man Subjekte völlig unaufdringlich *zweideutig* ansprechen kann. Mal sucht man einen Mitspieler für das *gemischte Doppel*, mal einen Partner für den *Zweier ohne Steuermann*. Man gibt sich gegenseitig Tips, schenkt sich Komplimente, sucht gleichgesinnte *Spielkameraden*, bietet sich als kostenloser Trainer an, spricht miteinander über gesunde Ernährung (Liebe geht durch den Magen) oder spielt bei geselligen Turnieren mit.

Apropos Turniere. Kürzlich begann ich, ein Allroundtalent, meine sportliche Vielfalt mit Badminton zu bereichern. Bei Badminton handelt es sich, das nur zur Erklärung für sportlich Zurückgebliebene, um ein federballähnliches Spiel, bei dem *die Federn* über ein Netz geschlagen werden. Nach Absolvierung von drei Trainerstunden entschloß ich mich, beim donnerstäglichen Turnier mitzuspielen, um zukünftige Objekte auf sportliche Art und Weise kennenzulernen. Mein Pech: Von insgesamt achtzehn Teilnehmern waren siebzehn in meiner *Geschlechtsklasse*, was für heterosexuelle Aufreißer nicht unbedingt als optimale Voraussetzung zu bezeichnen ist.

Je nach Opfer-Zielsetzung (siehe Aufriß-1x1, Schritt 3) ist es deshalb unbedingt erforderlich, jene Sportarten zu wählen, bei denen, bedingt durch eine hohe *Zielgenauigkeit,* mit einer befriedigenden *Trefferquote* zu rechnen ist. Wobei man allerdings dazusagen muß, daß Badminton sehr gerne auch von Frauen gespielt wird, jedoch Turniere aller Sportarten in den meisten Fällen männerlastig sind.

Hier noch ein paar individuelle Ratschläge von Ihrem „Bundestrainer für Eroberungen" auf den Weg vom Amateursportler zum *Animateursportler*.

Marschverpflegung

Immer einen guten Grund zur unverdächtigen Kontaktaufnahme bieten Appetithäppchen wie Traubenzucker, Bananen oder Müsliriegel (keine ganzen Wassermelonen!) sowie zuckerfreie isotonische Getränke, die Sie jederzeit, außer vielleicht während eines hochdotierten Wettkampfes, dem auserwählten Opfer anbieten können. Mittels kurzen, handgeschriebenen Bemerkungen, die Sie den Häppchen schriftlich beifügen, können Sie auch einen Schritt direkter werden.

Kleine Unsportlichkeiten erhalten die Freundschaft

Wenn Sie auf jemanden aufmerksam werden und aus thematisch bedingten Gründen die Aufmerksamkeit nun voll auf sich lenken möchten, bieten sich kostengünstige Tricks, sogenannte *Unsportlichkeiten*, an. Fragen Sie die flotte Tennisschupferin, welcher Tennisstar der „Top ten" ihr am besten gefällt. Mit welchem Namen sie auch antworten mag, in Ihrer Sporttasche liegen Tennisbälle mit von Ihnen gefälschten Autogrammen dieser zehn Spieler bereit. In der Folge zeigen Sie sich überrascht, daß das getäuschte Opfer denselben Spieler verehrt wie Sie selbst, und schenken ihm den entsprechenden handsignierten Tennisball. Nach einem kurzen Smalltalk – die hübsche Amateursportlerin ißt inzwischen Ihren Apfel (Marschverpflegung!) – schenken Sie ihr einen zweiten Tennisball, welcher von Ihnen persönlich signiert und mit Ihrer Telefonnummer versehen ist. *Johann, 443 731 12.*
Dieses Paradebeispiel können Sie natürlich auch auf alle anderen Sportarten übertragen: das handsignierte T-Shirt, das handsignierte, frisch gewaschene Schweißband, das handsignierte Surfbrett, das handsignierte Segelboot, etcetera.

Fliegender Aufriß

So fliegen Ihnen im Nu die Herzen aller Opfer zu: Sie besorgen sich ein einfarbiges Frisbee und schreiben oder zeichnen mit dickem Filzstift eine Botschaft wie „Ich fliege auf dich!" darauf. Dann werfen Sie, scheinbar *unbeabsichtigt*, dem Auserwählten die Wurfscheibe zu, möglichst ohne ihn dabei am Kopf zu treffen. Das *betroffene* Objekt wird mit größter Wahrscheinlichkeit das Frisbee aufheben und zurückwerfen wollen. Dabei entdeckt es Ihre verschlüsselte Nachricht. Sie, inzwischen ebenfalls vor dem Opfer *gelandet*, warten spruchbereit auf dessen Reaktion.
Selbstverständlich können Sie dem auserkorenen *Mitspieler* auf dem Frisbee auch das schriftliche Angebot zu einer gemeinsa-

men Unternehmung unterbreiten: „Ich fliege auf dich. Spielst du ganz platonisch mit?" Oder wie wäre es mit einer Einladung auf eine Bergtour: „Ich fliege auf dich. Darf ich dich auf einen *Höhepunkt* einladen?"

Rettender Aufriß

Äußerst erfolgreiche Eroberungschancen eröffnen sich Ihnen bei kleinen Sportunfällen, die nicht tödlich enden. Dabei können Sie dem Verunglückten durch Ihre selbstlose Hilfestellung imponieren, indem Sie etwa dem gestürzten Subjekt wieder auf die Beine helfen, ihm die Schulter einrenken, seine Knochen schienen und die offenen Wunden nähen. Das *doppelte* Opfer ist Ihnen für Ihre Hilfe zu lebenslangem Dank verpflichtet und wird Ihnen gerne wiederholte nächtliche Gefälligkeiten erweisen.

Um für solche *unglücklichen Glücks-Fälle* gerüstet zu sein, empfiehlt es sich für den gelernten Aufreißer, nicht nur Pflaster, Jod, Skalpell und Nähzeug, sondern stets auch einen aufblasbaren Rettungsreifen bei sich zu tragen. Letzteren versehen Sie mit der Aufschrift „Darf ich Sie an Land ziehen?" und stülpen ihn dem schwimmenden Objekt *sicherheitshalber* über. Natürlich eignet sich der Rettungsreifen vor allem an Stränden und in fremden Gewässern, aber als Gag können Sie ihn durchaus auch einem Café-, Büro- oder Straßenopfer zuwerfen.

Schriftlicher Aufriß

Sie haben schon recht. Um eine *Opfernuß* schriftlich knacken zu können, benötigt man deren Namen[1], Adresse oder Telefaxnummer, sonst *läuft* gar nichts. Da mir dieser Umstand ebenso aufgefallen ist wie Ihnen, nur früher, zeigt der *schriftliche Aufriß* allen *Panzerknackern*, die namentlich bekannte, aber derzeit noch unwillige Lesekundige zu Opfern machen wollen, diesbezügliche Möglichkeiten auf. Für Analphabeten bietet sich in diesem Zusammenhang die im Kapitel „Verschenkter Aufriß" dargestellte Hieroglyphenmasche für *postmoderne* Eroberungsmethoden an.

Da die Vielfältigkeit Ihrer schriftlichen Liebesbekundungen für identifizierbare Objekte grenzenlos ist, da es zudem genügend mittelmäßige Bücher auf dem Markt gibt, die Ihren Ansprüchen gerecht werden und sich ausschließlich mit solchen Beweisen der Zuneigung beschäftigen, beschränke ich mich auf einen kurzen, unvollständigen Überblick, einen Streifzug durch die unendliche Welt des *schillernden* Wortes.

Der Liebesbrief

An erster Stelle steht, wie sollte es anders sein, die klassische Form aller Liebesbekundungen, der Liebesbrief; für Subjekte, die Ihnen noch kaum bekannt sind, eine vielleicht doch etwas zu überstürzte, zu voreilige, zu aufdringliche Methode.

Sicher, es gibt sie, die Liebe auf den ersten Blick. Wenn ich mir allerdings vorstelle, daß mir eine Frau, mit der ich bisher erst einmal kurz zusammengetroffen bin und gerade ein paar Worte gewechselt habe, schreibt: „Thomas, ich liebe Dich. Du bist ein göttliches Geschöpf, überaus klug, makellos schön, sensibel, durch und durch männlich", dann glaube ich ihr das zwar, wundere mich aber dennoch, daß sie mich nicht auch wegen meines exzellenten Humors begehrt. Ergo, setzen Sie Ihren *geschmalzenen* Liebesbrief nur dort ein, wo er Sie nicht zum Ge-

---

[1] Nicht Walnuß, Haselnuß, Erdnuß oder Pistazie, sondern Vor- und Familiennamen!

164

spött macht. „Hey, Mutti, schau mal her, das glaubst du nicht, der Irre, der mir neulich geholfen hat, die Sachen hereinzutragen, schreibt, er will mich baldigst ehelichen, um mir in Zukunft alle *Lasten* meines Lebens abzunehmen. Ist das gut, haha-haha." Fällt Ihnen auf, daß Ihr Brief das Ziel um Haaresbreite verfehlt hat?

Der rätselhafte Aufriß

Ich gehe ohne Vorurteile davon aus, daß Sie ein Mensch sind, der so schnell niemanden neugierig macht. Wieso versuchen Sie sich nicht zu ändern, indem Sie Ihrem Empfänger ein kleines Rätsel senden, etwa ein Kreuzworträtsel mit Ihrem Namen als Lösungswort? Und als Preis für die Auflösung gibt's, ganz nach Ihrem Geschmack, ein Abendessen bei Kerzenschein, Champagner und Hamburger.

Die Abo-Aktion

Sie kennen das doch sicherlich aus diversen Magazinen: Diese versprechen Ihnen für die Vermittlung eines Abonnenten ein „Dankeschön". Nutzen Sie diese Werbeaktionen für Ihren Aufriß. Schreiben Sie all Ihre Bekannten an und bieten Sie ihnen für die Vermittlung eines passenden Opfers ein kleines Präsent an, beispielsweise eine beleuchtbare venezianische Tischgondel, oder einfach das Versprechen, sich nie wieder zu melden. Auch wenn diese Methode auf den ersten Blick absurd erscheint: Hätte ich eine geeignete Person zur Hand, würde ich sie gegen Provision umgehend weitergeben.

Beispielhafte Abo-Aktion:

Hallo Pauli
(Edi, Rudi, Uschi, Kurti, Maxi, Evi . . .) !

Ich möchte meinen „Freundeskreis" erweitern und bin in einem
tollen Buch auf eine irre Idee gestoßen:
Überlege doch mal, welcher von Deinen Bekannten mir besonders
gefallen würde. Gescheit muß er nicht sein, aber dafür jung und
hungrig. Für jeden Bekannten, auf den diese Beschreibung
auch nur im entferntesten zutrifft und mit dem Du mir ein Rendezvous zum Essen vermittelst, erhältst Du einen selbstgebackenen
Kuchen Deiner Wahl.

Deine Brunhilde

Beilage: Antwortkarte

Ansichts-Sache

Warum mühsam einen ganzen Brief schreiben, wenn einem ja
doch nichts Gescheites einfällt? Eine Postkarte sagt oft mehr als
tausend Ihrer Worte. Man nehme einen Karton, *beschneide* diesen auf Postkartenformat, und los geht's. Sie schnippeln aus der
Mitte der Karte ein Schlüsselloch heraus und schreiben: „Ich
würde gerne mehr von Dir sehen!" Sie schneiden einen Mond
heraus und ergänzen mit den Worten: „Du und ich, Samstag
nacht?" Sie kohlen eine Karte mittels Feuerzeug rundherum an
und vermerken: „So heiß bin ich auf Dich." Bevor das Objekt
jedoch vermuten muß, eine Ansichtskarte aus dem Vorspann
von „Bonanza" zu erhalten, besorgen Sie sich besser eine origi-
nelle Karte in einem einschlägigen Geschäft.

Besteht die fatale Möglichkeit, daß sich der ins Auge gefaßte Empfänger nicht mehr an Sie erinnern kann, hilft nur noch die Frischzellenkur in Form einer Bildgeschichte. Vor der Kamera: Sie. Hinter der Kamera: der Selbstauslöser. In der Kamera: ein Film. Kamera läuft: ein Beispiel.

Die Postkarte zeigt Sie in gewohnter Pose. Auf die Rückseite schreiben Sie Ihren Namen und Ihre Telefonnummer

Auserwählte Masche

Die Zeiten spartanischer, autoritärer *Opfererziehung* sind, von einigen sexuellen Abarten abgesehen, vorbei. Bieten Sie Ihrem noch widerwilligen Herzblatt deshalb viele Freiheiten und eine große Auswahl an Aktivitäten und Dienstleistungen an, die Ihnen helfen, das (Herz-)*Blatt* zu wenden.

Liebe Emma!

Falls Du nicht schreiben kannst, hier für Dich eine Checkliste zum Ankreuzen. Informiere mich auf diese Art, als
was ich Dich baldigst wiedersehen darf.

Ich, Emma, brauche Dich als:

○ Tanzbein   ○ Plaudertasche
○ Küchenhilfe   ○ Sittenstrolch
○ Schuhputzer   ○ Möbelpacker
○ Tennisrückschläger   ○ Kindermädchen
○ Spaziergänger   ○ Kredithai
○ Zuhörer   ○ Zuhälter
○ Kinobegleiter   ○ Alibi
○ Waschlappen   ○ Falschspieler
○ Schmusebär   ○ Liebestöter
○ Sündenbock   ○ . . . .

Stecke den ausgefüllten Zettel in das beigelegte, frankierte
Kuvert und sende es gleich ab.

Dein(e)

Peter-Silie

Reaktivierender Aufriß

Alte Liebe rostet nicht. Selbst wenn Sie noch so ein Versager
waren, das Ex-Objekt wird nur noch Ihre vermeintlichen Vorzüge in bleibender Erinnerung haben. Um sein Gedächtnis wieder aufzufrischen, nehmen Sie ein Foto aus gemeinsamen Tagen zur Hand, das Sie im besten Lichte zeigt. Kaschieren Sie es
auf dünnen Karton auf und schreiben Sie ein paar Worte dar-

auf. Anschließend zerstückeln Sie sich mit einer Schere – gemeint ist das Bild – in mehrere Teile, so daß aus Ihnen – ich spreche immer noch vom Bild – ein Puzzle entsteht. Während Ihr *Ex* das Puzzle zusammensetzt, wird ihm Stück für Stück klar, was für ein *puzzeliges Kerlchen* Sie gewesen sind.

Aufriß per Faxophon

Falls Sie und Ihr *Wunschteilnehmer* über ein Telefaxgerät verfügen, steht Ihren Liebesbekundungen in halbstündigem Rhythmus nichts mehr im Wege.

09.00 Uhr: Guten Morgen, Sabine.
09.30 Uhr: Sabine, ich denke an Dich.
10.00 Uhr: Sabine, ich denke an Dich.
10.30 Uhr: Sabine, ich denke an Dich.
11.00 Uhr: Sabine, ich denke an Dich.
11.30 Uhr: Sabine, ich denke an Dich.
12.00 Uhr: Mahlzeit, Sabine.

12.30 Uhr: Sabine, auch mit vollem Magen denke ich an Dich.
13.00 Uhr: Sabine, ich denke an Dich.
13.30 Uhr: Sabine, ich denke an Dich.
14.00 Uhr: Sabine, ich denke an Dich.
14.30 Uhr: Sabine, . . .

Schon allein wegen des hohen Verbrauchs an Faxpapier wird Sabine Sie ohne therapeutische Hilfe nicht mehr so schnell aus ihrem Gedächtnis *verdrängen* können.

Wenn Ihnen selbst nichts einfällt: Auch für Nachrichten per Fax existieren mehrere Bücher, deren Seiten als *aberwitzige* Vorlagen verwendbar sind. Ansonsten können Sie alles, was Sie schreiben und per Post versenden wollten, auch faxen. Vermeiden Sie es jedoch, kleine Aufmerksamkeiten wie Kaugummis, Schokolade oder ähnliches mitzufaxen, da diese *Beilagen* Ihrem Gerät aller Voraussicht nach nicht sonderlich bekommen würden.

Beilagen

„Was das Fax nicht ehrt, gibt dem Brief einen Wert." Schon der Verfasser dieses Zitats aus dem *Vorfaxzeitalter* hat gewußt, daß sich Briefpartner über Beilagen besonders freuen. Das können zwei Eintrittskarten zu einem Konzert sein oder ein Gutschein für ein Dinner im Separee. Noch persönlicher gestalten Ihren Brief Beilagen wie eine Wimper („Wünsch dir was"), ein Haar („Um ein Haar hätte ich Dich beim letztenmal geküßt"), ein Zahn („Zähneknirschend habe ich Abschied von Dir genommen"), ein Ohr („Immer wenn ich Dich sehe, wackeln mir dir Ohren"), eine Plombe („An Dir beiße ich mir noch die Zähne aus"), eine Träne („Es geht meine Träne auf Reisen . . ."), Schuppen („Du bist mir wie Schuppen von den Augen gefallen") oder etwas Schweiß:

> „Im Schweiße meines Angesichts,
> Angelika, ich liebe Dich!"

Vorübergehender Aufriß

Achtung: Unbefleckten, frommen, unaufgeklärten, streng andersgläubigen, scheinheiligen und ultrakonservativen Lesern sowie Jugendlichen unter 50 Jahren wird geraten, ihre instinktive Neugier zu zügeln und dieses Kapitel großräumig zu *umlesen*.

Noch nie waren die Zeiten für *One-night-stands* schlechter als heute. Ich will hier gar nicht viele Worte über AIDS verlieren, möchte mir aber andererseits auch nicht vorwerfen lassen, meine Leser mittels gezielter *One-night*-Anleitungen systematisch in den sicheren Tod zu *treiben*. So sicher ist dieser Tod nämlich gar nicht, zumindest nicht mit den hier angebotenen Maschen. Ob es Ihnen nämlich damit gelingen wird, Ihre Zufallsbekanntschaften zum gefälligen Beischlaf zu bewegen, konnte aus gesundheitlichen Erwägungen zwar nicht getestet werden, scheint aber alles in allem mehr als fraglich. Die Einwilligung eines Opfers hängt mit zu vielen, oft unplanbaren Faktoren zusammen. Einmal vorausgesetzt, das Objekt Ihrer Begierde ist tendenziell einer schnellen Nummer nicht abgeneigt, stellen sich ihm immer noch Fragen wie:

☞ Fühlt es sich durch Ihre *Wenigkeit* sexuell stimuliert?

☞ Sind Sie ihm *wenigstens* ein bißchen sympathisch?

☞ Kann es die ganze Nacht fernbleiben?

☞ Sind Kondome in greifbarer Nähe?

☞ Zahlt sich das Risiko aus?[1]

☞ Was bringt der *Tag danach*?

☞ Wie sehen Sie bei Tageslicht aus?

☞ Wie reagieren eventuelle Ehegefährten des Opfers bei unerwarteter Aufdeckung seines *Umfallers*?

☞ Wie wird es Sie am schnellsten wieder los?

☞ Ist fröhlicher Nachwuchs definitiv ausgeschlossen?

[1] Das Risiko sind in diesem Falle Sie.

172

Zumindest letztere Zweifel können Sie Ihrem Herzblatt durch das Angebot der wohl lustvollsten Verhütungsmethode ausräumen: Oralsex.

Abschließend zum Thema AIDS rate ich Ihnen vor ungeschütztem Sex mit nicht klar *identifizierbaren Partnern*[1] dringend ab, nicht aber vor *One-night-stands* im allgemeinen. Erotik benötigt als Ausdrucksform nicht unbedingt Sex im herkömmlichen Sinn. Auch Fingerfertigkeit und andere ungefährliche Praktiken ermöglichen ungeahnte Höhepunkte am laufenden Band. So Sie vorübergehende *One-night-stands* dauerhaften Hochzeiten vorziehen, informieren Sie sich bei einer Beratungsstelle, wo man die Nase hineinstecken darf und wovon man lieber die *Finger* lassen sollte.

Auch wenn die folgenden *One-night-Maschen*, wie eingangs erwähnt, nicht mit Sicherheit *feuchtfröhliche* Nächte garantieren können: verbal sind Sie damit in jedem Fall beim Thema Sex angelangt. Ob sich Ihr Opfer später als humorlose, abweisende *Niete* oder als *mitspielender Lotto-Sexer* entpuppt, weiß Gott allein! Doch gerade der will von solchen *Dingen* am wenigsten wissen.

Empfehlenswerte Masche

Zahlreiche Sexualobjekte zögern möglicherweise, weil sie aufgrund der erst wenige Minuten alten Bekanntschaft noch kein unbegrenztes Vertrauen zu Ihnen gewonnen haben. Oder aber es handelt sich um anspruchsvolle Routiniers mit hoher Erwartungshaltung, die sich nicht uninformiert von einer Katze im Sack *abschleppen* lassen. In beiden Fällen hilft, wie im ganzen Leben überhaupt, Protektion. Es ist deshalb für solche *One-night-Über-Fälle* ratsam, stets eine Referenzliste mit vollständiger Aufzählung aller Ehemaligen wie *Ehe-Maligen* sowie notariell beglaubigte Empfehlungsschreiben von begeisterten *Hinterbliebenen* griffbereit zu halten. Diese Schriftstücke weisen Sie, auch wenn das für Sie Urkundenfälschung bedeutet, als exzellenten Liebhaber aus und zerstreuen beim Opfer die letzten Zweifel, um was für eine Art Mensch es sich bei Ihnen handelt.

[1] Menschen, deren Gesundheit Sie nicht hundertprozentig gewiß sind.

Vorsorgliche Masche

Eines der gravierendsten Hindernisse für gesuchte *Mitspieler* bildet zweifellos das schon angesprochene Gesundheitsrisiko *ernstesten Grades*. Zur Beruhigung könnten bei einem solch ängstlichen Opferfall vor allem aktuelle Gesundheitsatteste *positiv* beitragen. Weisen Sie sich deshalb als klinisch getestet filzlausarm, pilzreduziert, tripperresistent, syphilisimmun und HIV-geprüft aus. Die Nachteile dieser Vorgangsweise liegen al-

174

lerdings darin, daß einerseits eine Ansteckung in jüngster Vergangenheit nicht auszuschließen ist, andererseits das Opfer es aufgrund der übersichtlich aufgelisteten Erkrankungsmöglichkeiten erst recht mit der Angst zu tun bekommt. Der mögliche Ausweg: Decken Sie sich reichlich mit einer bunten Palette Präservative ein und fügen Sie sich ab sofort den Namen „Gummi" bei: der *Gummi-Gustl* oder die *Gummi-Gabi*.

Neu-Gier-Masche

Neu sind Sie für Ihr Objekt. Aber ist es auch *gierig* nach Ihnen? – Eben. Sie müssen daher mit allen Ihnen zur Verfügung stehenden Mitteln versuchen, diese Gier zu wecken. Hier ein solches *allerletztes* männliches Mittel, welches das weibliche Opfer echt *heiß* machen wird, selbst wenn sich dieser Zustand lediglich in geröteten Backen ausdrückt.

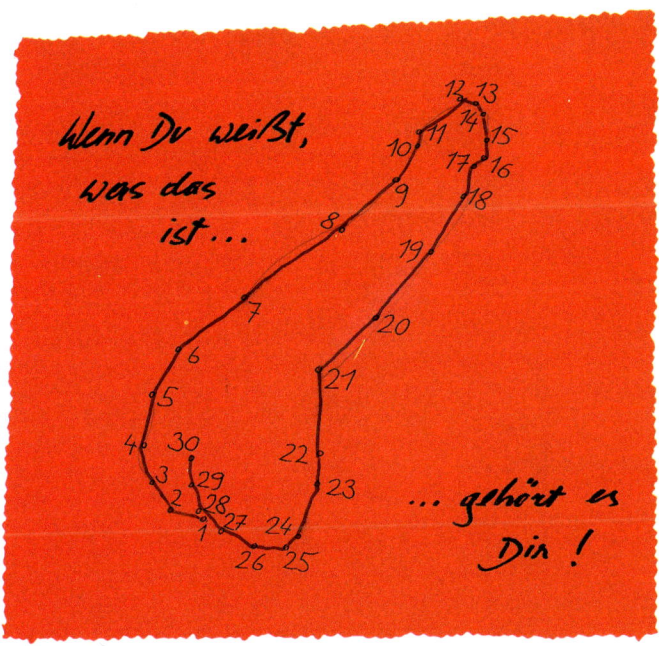

Überraschungszettel dem auserwählten Opfer in aufrechter Haltung unterbreiten und in angemessener Entfernung dessen erotisch-sadistische Reaktion abwarten

Organisierte Masche

Manche Menschen lassen sich nicht gerne auf chaotische Abenteuer ein, sondern bevorzugen perfekte Organisation und minutiöses Timing. Solch suspekte Subjekte erkennen Sie unschwer an den unzähligen Fragen, mit denen sie sich in masochistischer Manier selbst quälen: „Wie wird *es*, ist er zärtlich, brutal oder pervers, wie und wo macht er *es* mit mir, was ist danach . . .?" Um dieser Hysterie vorzubeugen, empfiehlt sich ein kurzer *Opfer-Sex-Check*. Sie übergeben Ihrem noch unentschlossenen Teilnehmer eine umfangreiche Checkliste, ähnlich einer Speisekarte, mit deren Hilfe er sich das *Menü* selbst zusammenstellen kann.

SEX-CHECK

Gewünschte Charaktere:

○ zärtlich   ○ stürmisch   ○ brutal

○ exotisch   ○ harmonisch   ○ kreativ

Ort der Veranstaltung:

○ Bett   ○ Auto   ○ Lift

○ Dusche   ○ Sofa   ○ Wiese

Sonstiges: _____

Durchführungszeit:

○ sofort   ○ unverzüglich   ○ auf der Stelle

Vorspieldauer:

○ 0 Sekunden   ○ 30 Sekunden   ○ 60 Sekunden
   = kurz   = mittel   = lang

Hauptverkehrsdauer:

○ Quickie   ○ Longplay   ○ Never ending

Anzahl der gewünschten Wiederholungen:

○ 1 ×   ○ 2 ×   ○ ... ×

Typologie:

○ Französisch   ○ Griechisch   ○ *Altdeutsch*

Positionierung:

○ obenauf   ○ unten durch   ○ hintennach

Verhütungsmethodik:

○ Pille   ○ Gummi   ○ *Rückzieher*

Mit der
Ausführung einverstanden: _____
                                          (firmenmäßige Zeichnung)

Dem peniblen Perfektionisten bietet sich nach Vollzug des Geschlechtsaktes die Möglichkeit, das *bemannte* Objekt zu bitten, den der Sex-Checkliste beigefügten Fragebogen auszufüllen. Damit soll es durch qualitative Beurteilungen verschiedener Beischlafqualitäten die zukünftigen Leistungen des Aufreißers optimieren helfen. Beurteilt werden können Kriterien wie Beweglichkeit, Ausdauer, Lautstärkepegel, Gesichtsausdruck im Augenblick des Höhepunkts, Phantasie, *Einführungsvermögen*, organische Funktionalität und allgemeine Rhythmik.

Auffällige Masche

Bei Eroberern, die Ihren Opfern bereits beim Aufriß äußerst luftig gegenübertreten, etwa am FKK-Strand oder in der Sauna, weisen augenfällige Tätowierungen an besonders reizvollen Stellen auf *unverschämte* Freizügigkeit und sexualliberales Denken hin. Ohne unnötige Worte zu verlieren, können Sie mit solchen Highlights Ihre Wünsche der breiten Öffentlichkeit signalisieren.

Unverblümte Masche

In Gedanken höre ich Sie schon, wie Sie mit Ihrer erotisch piepsenden Stimme dem Objekt einen der folgenden *One-night-Sprüche* ins Ohr flüstern. Und ich *sehe* auch, wie das Opfer zum *Gegen-Schlag* ausholt.

Die Top five One-night-Sprüche:

1. a) Mann: Darf ich Ihnen meinen *festen Mitarbeiter* vorstellen?

1. b) Frau: Wollen Sie mir nicht Ihren *festen Mitarbeiter* vorstellen?

2. Wenn du mit mir kommst, *kommst* du sicher!

3. Nimm mich, du hast mich verdient.

4. Darf ich dir meinen *Glücksbringer* zeigen?

5. Spielen wir heute noch *fick und fotzi*?

Welche der hier vorgeschlagenen *One-night-Maschen* Sie auch wählen mögen, der erfolgversprechende Einsatz setzt ein Opfer mit anspruchslosem Humor, ausgeprägter Toleranzfähigkeit oder nymphomanen Eigenschaften voraus.
PS: Hervorragend eignen sich auch Touristen: Sie *kommen* schnell und gehen bald wieder.

Medialer Aufriß

Wie stark Sie täglich von Medien beeinflußt werden, stellen Sie zum einen Teil fest, wenn Sie sich überlegen, wieviel Ramsch Sie während der letzten Jahre aufgrund von Werbung gekauft, wie oft Sie irgendwelche Werbejingles gedankenlos vor sich hingeträllert oder geisteskranke Slogans nachgeplappert haben. Den anderen Teil der medialen Beeinflussung bemerken Sie überhaupt nicht, da sich dieser wie ein Geschwür in Ihrem Unterbewußtsein eingenistet und sich dort häuslich eingerichtet hat.

Ist dem wahren Aufreißfetischisten diese phänomenale Wirkung erst einmal bewußt, drängt sich ihm sogleich die Frage auf, wie sich diese Wirkung ohne relevanten *Streuverlust* auf sein eigenes Metier, die professionelle Eroberung, und auf das Produkt, sich selbst, übertragen läßt.

Nach Erörterung dieser für Ihre *Disziplin* unter Umständen existentiellen Angelegenheit mußte ich erkennen, daß der Einsatz von Medien in Sachen Eroberung bereits bekannter, aber noch zu reservierter Objekte genial, bei nagelneuen Geschöpfen jedoch meist mit erheblichem Mehraufwand ohne Erfolgsgarantie verbunden ist. Was bedeutet, daß das Preis-Leistungs-Verhältnis in vielen Fällen nicht stimmt. Um beispielsweise mit einer Fernsehkampagne im deutschsprachigen Raum wiederholt auf sich aufmerksam zu machen, benötigen Sie, über den Daumen gepeilt, ein Budget von 1,5 Millionen Mark, die Produktionskosten des Spots nicht eingerechnet. Selbst der wohlhabendste Leser dürfte bei dieser Summe erkennen, wie schnell die Geldentwertung in den letzten Jahren vorangeschritten ist, wenn man für die Partnersuche via Bildschirm heute einen solch einprägsamen Betrag *opfern* muß.

Ich habe mich jedenfalls nach reiflicher Überlegung entschlossen, den sozialen Aspekt in meine Überlegungen mit einzubeziehen und mediale Aufrißmaschen für mittellose, bedürftige und einkommensschwache Leserschichten zu erarbeiten, die weniger als 1,5 Millionen Mark jährlich investieren wollen. Obwohl das wie erwähnt weitaus diffiziler ist, bin ich Ihnen zuliebe ferner fast ausschließlich der Frage nachgegangen, wie man UFOs, also unbekannte flüchtige Objekte, mittels Werbung ansprechen kann.

Da Sie als Aufreißer derzeit je nach Geschlecht mit rund drei Milliarden Konkurrenzprodukten auf dem freien Markt rechnen müssen und diese Zahl weiter rapide ansteigt, halte ich es für Ihren raschen Absatz für erforderlich, den Opfern sogenannte Zugaben in Form von Gutscheinen, *Werbe*-Geschenken, Gewinnmöglichkeiten oder leeren Versprechungen anzubieten. Mit deren Hilfe können Sie sich als „lukrativ" sowie „profitabel" positionieren und sich von der breiten Masse absetzen. Sie erreichen damit Zielgruppen, die sonst nur überall dort zu finden sind, wo es etwas gratis gibt.

Kleinanzeigen

Verschwindend klein ist die Erfolgschance der üblichen Kontaktanzeigen. Wer trotz allem sein Glück auf diese Art *verschwenden* will, sollte sich etwas einfallen lassen, um aus der ununterscheidbaren Vielzahl von Kleinanzeigen herauszustechen. Auffallen um jeden Preis, lautet die Devise. Zum Beispiel: Setzen Sie Zeichen.

chriften an: Code IF0587, tschland.

d kein Hindernis, die nicht **Chiffre 11430098**

n, 45/181/90, etwas sport- eudig sucht Freundin, NR, PF 6.

. vielen Gedanken an ge- au. Sie haben Niveau, sind ch, gepflegt, bis 45. Nur m.

u. aufgeschlossen, bis 42, , 35/165, NR, vielseitig u. ungrig, mit attraktivem Au- 150 , KW "Iris", pl.

ig, ist d. Alleinseins müde . f.d. Rest d. Lebens, NT n PA 1217 Wien, KW "13",

50ern, gutes Aussehen, hlanke, wohlgeformte Frau nstr. 16, D-2000 Hamburg

Ing. Heizungstechnik, 48/183, sucht sportliche Dauerpartnerin bis 38, Haus, Garten vorhanden. Erbitte Zuschriften m. Foto u. Tel.Nr. **Chiffre 11430086**

Junggebliebener 50er, 170/80, dunkle Haare, Ang., sucht passende Partnerin zw. 35-50. Zuschr. PA 1071, KW "Neubeginn", pl.

Chiffre 114200

Liebe Frau mit Familiensinn von Wiener gesucht. Bin solo, 40/179, und möchte Dich, gerne schlank, ein Leben lang verwöhnen. Bin ortsgebunden, Haus im Grünen in Wien vorhanden. PA 1091, PF 235.

Liebe, Zärtlichkeit, Sicherheit und ein schönes Nestchen kann Dir NORBERT, 29jähriger angehender Tierarzt,

uriz uru, un.

Sind Treue, Gefühl und solltest Du anrufen!!! rin, würde sich sehr ü

Slim, attr. Russian lady, children, will get acquai Yanovskaya, p/restante, M

Sommersprossiges sch schnitt wird von mir, Beam tänzer, für immer gesuch Zärtlichkeit. trau Dich. PA

Suche nette, sympathisc alleinstehend, Wohnung is beantwortet. Heinz Josef G Deutschland.

Suche nettes Mädchen Hindernis, bin 35/60/164, Laxenburg, KW "Hoffnung

Suche seriösen, niveauv groß, ich bin 34/171, sch NR. Ersuche um Zuschrift "Natur".

183

Am meisten Erfolg verspricht meines Erachtens, erst gar nicht unter den Rubriken „Heirat" oder „Bekanntschaften" zu inserieren, sondern sich Möglichkeiten zu deren taktischen Umgehung zu überlegen. Suchen Sie einen passenden Reisebegleiter für einen angeblich enorm günstigen Traumurlaub, welcher dann aus tragischen Gründen (plötzlicher Wiederholungstod der Urgroßmutter) abgesagt werden muß; suchen Sie theoretische Nachmieter für Ihre Wohnung, die Sie später doch nicht vermieten können, da Ihre fiktive neue Wohnung wider Erwarten nicht frei geworden ist; geben Sie Unterricht in *Französisch* oder *Griechisch*, verkaufen Sie Ihren Hausmüll, bieten Sie gruppendynamische Treffen an, trommeln Sie eine Kegelrunde zusammen, suchen Sie Statisten für einen hypothetischen Film. Tun Sie, was Sie wollen, Hauptsache, Sie kommen dadurch mit zahlreichen *Idealmenschen* in Kontakt.

Beispiel: Frau X sucht sportlichen, wohlhabenden Mann, möglichst ohne eigene Kinder. Sie entscheidet sich deshalb, den Zweisitzer Ihres Nachbarn Y fiktiv zum Verkauf anzubieten. Ys Porsche-Kabriolett steht wochentags immer vor dem Haus, da Y mit öffentlichen Verkehrsmitteln zur Arbeit fährt. Frau X inseriert unter Angabe ihrer Telefonnummer: „Hallo, Sportwagenfan! Tolles Porsche-Kabriolett *umständehalber* supergünstig an sportlichen Junggesellen abzugeben." Verheirateten oder fest gebundenen Anrufern erzählt sie, der Wagen wäre bereits verkauft. Mit passenden Interessenten vereinbart sie *Besichtigungstermine*: Der Interessent besichtigt das Auto, Frau X besichtigt den Interessenten. So einfach geht das.

Wenden Sie diese beinahe *kriminellen* Methoden jedoch keinesfalls inflationär und zum Nachteil Ihrer Opfer, sondern immer mit Maß und Ziel an. Wählen Sie mit spezifischen Fragen aus den zahlreichen Anrufern diejenigen aus, mit denen sich ein Treffen wirklich lohnen könnte. Selbst wenn der Kontaktierte schlußendlich nicht das erhält, wozu er sich eigentlich mit Ihnen getroffen hat, wird er nicht verärgert sein. Erstens hat er einen interessanten Menschen kennengelernt, zweitens weiß er ja nicht, daß Ihr Inserat nur fingiert war. Merke: Was ein Opfer nicht weiß, macht ein Opfer nicht heiß!

Werbeträger

Tagein, tagaus sichtet man Wunschkandidaten, ohne zu wissen, ob sie bereits vergeben oder noch frei verfügbar sind. Ein öffentliches Deklarieren der persönlichen Situation beziehungsweise seiner Wünsche, wie etwa des baldigen Aufgerissenwerdens, wäre deshalb ein bedeutender Schritt in Richtung einer wesentlichen Vereinfachung von Eroberungen. Wie das bei Neuerungen so ist, muß irgend jemand den Anfang machen. Dazu habe ich, Sie ahnen es bereits, *Ihre Wenigkeit* auserkoren. Herzlichen Glückwunsch.

Die Werbelinie, die ich zu diesen Testzwecken entwickelt habe, steht unter dem Überbegriff: „Call me. I'm free!" Dieser aufgedruckte Slogan samt von Hand einzusetzender individueller Telefonnummer und Vornamen kann auf zahlreichen Werbeträgern zum Einsatz gelangen. Dadurch drehen Sie den Spieß um, indem Sie Menschen zur Initiative ermuntern und somit phlegmatische Opfer zu aktiven Aufreißern umfunktionieren. Ist das nicht eine elegante Methode? Sie reißen auf, indem Sie sich aufreißen lassen.

Hier nun eine kurze Produktionsanleitung für Geschäftsleute, die mit Ideenklau reich geworden sind, diese Masche in Masse herstellen und beispielsweise über Tankstellen und Kioske vertreiben wollen: Produzieren Sie Autoaufkleber, T-Shirts, Stikker und so weiter mit der Aufschrift „Call me. I'm free!" und lassen Sie ein Feld frei, in das der Käufer seinen Vornamen und seine Telefonnummer eintragen kann. Verdienen Sie sich damit eine goldene Nase, bis Sie per Einschreiben meine Klage zugestellt bekommen. Überweisen Sie anschließend all Ihre bis dahin erzielten Einkünfte samt Rechts- und Gerichtskosten auf mein Konto, welches Ihnen der Verlag auf Anfrage gerne wiederholt mitteilt.

Schlußbemerkung: All jene Testpersonen, die gerade nicht frei verfügbar, aber dennoch *willig* sind, weichen auf den Ersatzslogan „Call me. *I make me free*" aus.

Visitenkarten

Im Repertoire des routinierten Aufreißers keinesfalls fehlen dürfen eindrucksvoll auffällig gestaltete Visitenkarten, die sich beinahe täglich als Werbegeschenke von bleibendem *Wert*, ungeahnter Effizienz und breitgefächerter Einsatzmöglichkeit bewähren. Sie können Ihre Karte beispielsweise, mit einer kleinen Botschaft versehen, allfälligen Opfern wortlos zustecken oder neuen Bekanntschaften am Ende eines Gespräches zur Erinnerung an einen einmaligen Menschen, an Sie, mit der Bitte überlassen, sich doch gelegentlich telefonisch zu melden. Sollten Sie mit Ihrem bezaubernden Lebensgefährten unterwegs sein und rein zufällig die Fährte eines noch bezaubenderen Menschen entdecken, nützen Sie einen kurzen Moment des Alleinseins dazu, diesem zauberhaften Wesen, sozusagen im Vorbeigehen, Ihre Visitenkarte mit den zugeflüsterten Worten: „Ich muß Ihnen etwas Wichtiges erzählen, bitte rufen Sie mich baldigst an!" zu überreichen.

186

Um das Risiko, nämlich die Möglichkeit, daß der Aufriß mittels *Geschäftskarten* schiefgehen könnte, zu minimieren, ist allerdings ausschließlich der Einsatz von hochwirksamen, unvergeßlichen Karten zu empfehlen.

Prospekte und Kataloge

Im Verhältnis zur eingangs angeführten Fernsehkampagne vergleichsweise preisgünstig gestaltet sich die Anfertigung eines Eigenwerbeprospektes, sofern dieser nicht gedruckt, sondern lediglich mit Hilfe von Fotos, Stiften, Schere, Klebstoff und Farbkopierer hergestellt wird. Über mögliche Wirkungen oder unerwünschte Nebenwirkungen eines solchen Werbemittels kann ich Ihnen keinerlei Informationen geben, da ein solches meines Wissens seit Menschengedenken in hohen Auflagen weder produziert noch verteilt wurde. Für eine Steigerung der Resonanz würde ich Ihnen aber trotz allem raten, Gutscheine oder Gewinnkupons einzubauen, die für eventuelle *Konsumenten*, neben Ihren menschlichen und körperlichen Vorzügen, weitere Anreize zur Kontaktaufnahme bieten. Unter der Devise „Es muß nicht immer Kaviar sein, aber mit Ihnen schon" können Sie auf dem beigefügten Gutschein all jenen eine Einladung zum Schlemmen versprechen, die es wagen, Sie binnen einer gewissen Frist zu kontaktieren.

Das größte Problem dieser medialen Aufrißmethode ist die Prospektverteilung. Während eine flächendeckende Postwurfaktion an alle Haushalte im deutschsprachigen Raum neben dem immensen Streuverlust auch zu kostspielig scheint, halte ich eine persönliche Abgabe an *ausgesuchte Opfer* für die mit Abstand beste Variante. Immer einige Dutzend Prospekte bei sich tragend, verteilen Sie diese auf der Straße, in der U-Bahn, am Arbeitsplatz, auf der Party oder wo immer Sie Objekte Ihrer Begierde erblicken, gleich einem Flugblatt.

Ich wünsche Ihnen für Ihre werbliche Forschungs- und Feldarbeit von ganzem Herzen alles, alles Gute und mehr Glück als Verstand.

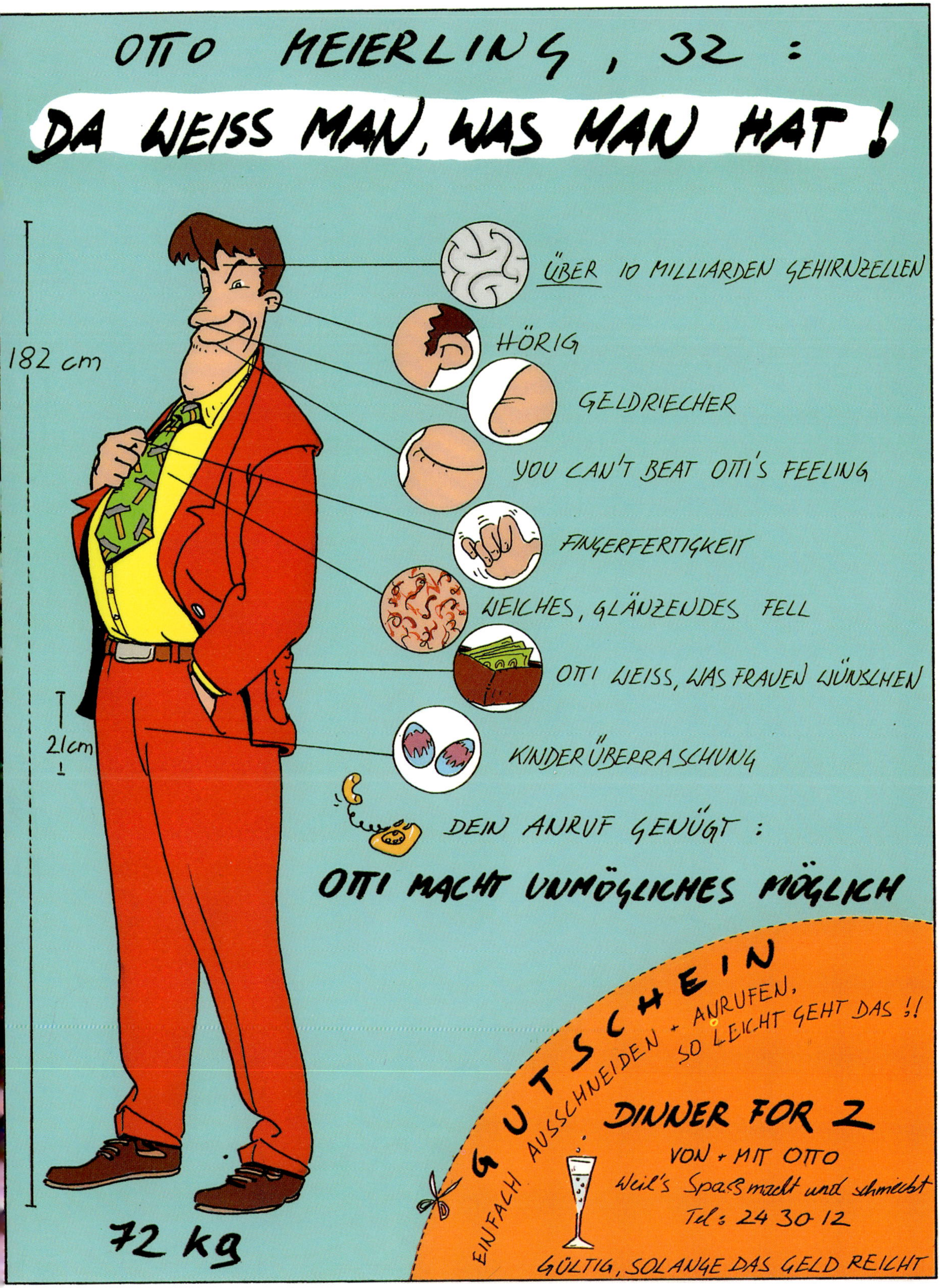

OTTO MEIERLING, 32:
DA WEISS MAN, WAS MAN HAT!
182 cm
ÜBER 10 MILLIARDEN GEHIRNZELLEN
HÖRIG
GELDRIECHER
YOU CAN'T BEAT OTTI'S FEELING
FINGERFERTIGKEIT
WEICHES, GLÄNZENDES FELL
OTTI WEISS, WAS FRAUEN WÜNSCHEN
21cm
KINDERÜBERRASCHUNG
DEIN ANRUF GENÜGT:
OTTI MACHT UNMÖGLICHES MÖGLICH
72 kg
GUTSCHEIN
EINFACH AUSSCHNEIDEN + ANRUFEN, SO LEICHT GEHT DAS!!
DINNER FOR 2
VON + MIT OTTO
Weil's Spass macht und schmeckt
Tel: 24 30 12
GÜLTIG, SOLANGE DAS GELD REICHT

Plakatwerbung

Eine zwar nicht neue, aber trotzdem wunderbare Idee ist die kostengünstige Anmietung und liebevolle Beschriftung einer Plakatwand, an der das bekannte Opfer bekanntermaßen täglich vorbeispaziert: „Uschi-Bär, am liebsten liebe ich nur Dich, Dein Schatzi-Franz!"

Nun erlernen wir aber mit Hilfe dieses Buches nicht den wiederholten Aufriß des derzeitigen Lebensgefährten oder Ehepartners, sondern Eroberungen von bekannten unwilligen oder aber unbekannten Objekten. Da Eroberungsversuche der letzteren Spezies über Plakatwerbung nach meiner Überzeugung fehlschlagen, bleibt die plakative *Bewerbung* von namentlich bekannten Subjekten, etwa die Reaktivierung von *Ablegern*[1]. Mieten Sie dazu eine geeignete Plakatwand an, affichieren Sie diese mit weißem Papier und sprühen Sie in Wort und Bild Ihre Botschaft auf. Damit lösen Sie beim Opfer ein gefühlsmäßiges Erdbeben der Stärke 6 auf der nach oben hin offenen Rhomberg-Skala aus.

Kinowerbung

Lokale Kinowerbung, nicht als Film, sondern mit Dia und Tonbandkassette, zählt zu den relativ günstigen Werbeformen. Allerdings gilt auch hier ähnliches wie beim Plakat: hervorra-

---

[1] Ableger: Ehemalige oder Ehe-Malige.

gende Eignung als zusätzlicher Anstoß für Unentschlossene, risikovoller Einsatz für nagelneue Objekte. Wenn Sie das Risiko lieben und Geld keine Rolle spielt, probieren Sie es aus, aber vergessen Sie nicht die Zugaben.

Beispiel

Während auf der Leinwand Ihre *Butterseite* samt eingeblendeter Telefonnummer im Großformat aufleuchtet, ertönt aus den Lautsprechern: „Hallo, Girls, ich bin der Stephan. Wenn unter euch zufällig ein hübsches Mädel ist, das sich gerne hin und wieder von mir ins Kino einladen lassen würde" (Zugabe!!!), „dann soll sie mich bitte anrufen. Ich würde mich riesig freuen, wirklich. Trau dich doch. Also, bis bald."
Was glauben Sie, was für Augen Ihr noch unwilliges, von Ihnen ins Kino abgeschlepptes Opfer machen wird, wenn es, ohne an Sie oder etwas anderes Böses zu denken, im Sessel döst und plötzlich – o Gott – sein eigenes Konterfei in Cinemascope erblickt? Wenn es dann, bereits im Boden versunken, via Lautsprecher noch hört: „Wer immer diese Frau sieht, schreib sich hinter die Ohren: Laß sie in Ruhe, oder du bist verloren!", ist eine Ohnmacht nicht mehr auszuschließen. Dabei bietet sich Ihnen erstmals die Chance, Gabis Brüste ungestraft streicheln zu dürfen.

Radiowerbung

Kostenlose Grüße und Musikwünsche für begehrte Objekte via Radio sind nicht nur altbekannt, sondern vor allem bei kleinen Lokalsendern auch problemlos durchführbar. Selbstverständlich steht Ihnen wiederum die Möglichkeit offen, mit Ihren zweideutigen Angeboten Opfer *en masse* zu aktivieren. Der Radiosprecher könnte diese frommen Wünsche dann etwa so anmoderieren:
„Der nächste Musiktitel ist all jenen blutjungen Mädchen gewidmet, die sich vom erfahrenen Günther aus Potzdorf in das Reich der Sinne einführen lassen möchten. Günther ist von

Montag bis Freitag, in der Zeit von 7.00 bis 7.30 und von 18.00–19.00 unter der Telefonnummer 341 520 12 zu erreichen. Und hier nun, für alle, die sich mit Günther in Verbindung setzen wollen, Madonna, mit ‚Like a virgin‘.“

Ansonsten halten Sie sich in Sachen Radiowerbung einfach an die Richtlinien bei Kontaktanzeigen. Laden Sie alles, was sich bewegt, zu einer großen Gartenparty mit Gratis-Grillverpflegung ein, oder suchen Sie einen Partner, dem Sie beim morgendlichen Jogging Beine machen wollen. „Bei gutem Einvernehmen längere Verweildauer im Wald nicht ausgeschlossen.“ Mit spezifischen Opfer-Auflagen oder klaren Vorgaben grenzen Sie die Zielgruppe systematisch ein. Bevorzugen Sie Akademiker, laden Sie zur gediegenen Gartenparty mit klassischer Musik und einer Lesung. Das passende Buch dafür haben Sie ja schon . . .

Fernsehwerbung

Auch auf die Gefahr hin, daß Sie mich jetzt mit Ihren großen Kulleraugen ungläubig anschauen, *eine* Möglichkeit zum kostenlosen Aufriß über das Medium Fernsehen gibt es doch: Sie bewerben sich als Kandidat in einer Show. Dabei erzählen Sie dem Showmaster und somit vielen Millionen Zusehern Ihre intimsten *objektiven* Vorstellungen. Diese Gelegenheit packt der um Einschaltziffern buhlende Moderator sicher umgehend am Schopf und läßt Ihnen als Draufgabe für Ihre Ehrlichkeit einige Sekunden Zeit, um Ihr mediales Ansuchen um Opfer inklusive der Bekanntgabe von Adresse und Telefonnummer zu präzisieren. Es würde mich wundern, wenn sich in den folgenden Wochen nicht einige Heiratsangebote bei Ihnen einfinden würden. Und *Ruck-Zuck* sind Sie unter der Haube. *Mann o Mann*, wird das eine *Traumhochzeit. Wetten, daß?*

Wenn viele Leser auch nur eine einzige der in diesem Kapitel angepriesenen Anregungen aufnehmen und individuell umsetzen, wird es im deutschsprachigen Raum bald keinen einzigen Briefkasten mehr geben, auf dem steht: „Bitte keine Werbung!“

192

Krimineller Aufriß

Ob harmloser Bluff oder schwerer Raubüberfall, gemeiner Diebstahl oder hinterlistiger Betrug, gewissenloser Einbruch oder fahrlässige Krida, niederträchtige Erpressung oder *menschliche* Entführung: *Krimineller* Aufriß bietet Ihnen alles, was im Strafregister Rang und Namen und in den Medien hohe Einschaltquoten hat. Ausgenommen Mord und Totschlag, denn diese bedauerlichen Delikte sind für Eroberungen gänzlich ungeeignet. Merke: „Wo kein Opfer ist, ist auch kein Weg."

Die Anwendung *krimineller* Maschen setzt beim Aufreißer besonders viel Fingerspitzengefühl und die richtige *Verbrechensdosierung* voraus, um, wenn überhaupt möglich, den Boden der Legalität und des guten Geschmacks nicht vorzeitig zu verlassen. Achten Sie tunlichst darauf, daß dem Opfer kein Schaden, sondern ein zweifelhaftes Vergnügen daraus erwächst, mit Ihnen in Berührung zu kommen. Wichtig ist, den humoristischen Charakter dieser Eroberungsversuche immer in den Mittelpunkt Ihrer *illegalen* Handlungen zu stellen, damit sich nach Beendigung der „Operation Aufriß" alles in Wohlgefallen auflöst.

Von einigen der folgenden *Kapitalverbrechen* rate ich Ihnen allerdings dringend ab, da Sie bei unsachgemäßer Anwendung mich und mein Buch in Verruf und sich selbst hinter Gitter bringen könnten. Wie in jedem *Kapitel* meines Lebens lehne ich auch bei diesem jede Verantwortung kategorisch ab.

Raffinierter Bluff: Das Starsystem

Intellektueller Hintergedanke dieser ausgekochten Methode ist es, die weitverbreitete Opfergier nach Macht und Ruhm erbarmungslos auszunützen. Der Aufreißer wird, mit allem, was dazugehört, zur wichtigen Person ernannt und schonungslos der Öffentlichkeit preisgegeben. Die detaillierte Erläuterung wie gewohnt in Form eines einleuchtenden Exempels:

Frau Ursula Beispiel ist eine brave, gutbürgerliche Schneiderin aus München-Pasing, nach der seit Jahren kein *Hahn* mehr kräht. Nun legt sich Ursula einen Künstlernamen zu, sagen wir

Magdalena. Magdalena, geborene Beispiel, wird extravagant gestylt und läßt sich eigene Autogrammkarten mit der Aufschrift „Love you all, Magdalena, Modedesignerin, New York–Paris–München-Pasing" anfertigen. Sie fügt ihrem bayerischen Dialekt einen amerikanischen Akzent bei und betritt sogleich ein Münchner Szenelokal, *zum Brechen* gefüllt mit der städtischen Schickeria. An einer Zigarettenspitze nuckelnd, stellt sie ihre Handtasche mit herausragender Funktelefonattrappe so auf der Bar ab, daß diese gar nicht anders kann als umgehend umzukippen und dabei Hunderte Autogrammkarten dem freien Fall zu überantworten. Die Kavaliere sind noch mit dem Aufheben der Karten beschäftigt, da stürmen mehrere Freunde Ursulas, getarnt als Radio- und Fernsehreporter ausländischer Stationen, das Lokal und beginnen aufdringlichst, Magdalena zu interviewen. Diese macht eine Szene, die jeder Diva mehr als würdig ist. Sie flucht, schlägt wild um sich und schreit: „Fuck you, have I denn never Ruhe vor you *Bloody Marys*[1], get off!"

Kein Mensch im Lokal beachtet mehr die zufällig anwesenden Gäste Gloria von Thurn & Taxis, Boris Becker und Thomas Gottschalk, alles dreht und handelt sich nur noch um Magdalena aus München-Pasing. Während ein Teil der polarisierten Gesellschaft noch immer die Autogrammkarten aufsammelt und ein anderer die Reporter hinauskomplimentiert, tritt der Wirt vollmundig auf den Plan. In einer Hand den Hörer haltend, ruft er schallend in die Menge: „Eure Durchlaucht, DDr. Magdalena, Gräfin von und zu Pasing wird von Herrn Lagerfeld am Telefon verlangt!" Die Menge erstarrt, Magdalena eilt vor Freude triefend zum Apparat: „Hi, Karli[2], du willst mir doch sicher wieder meine Kollektion klauen, hahaha ... was sagst du da, *Juniwörschl Picktschors* will mich schon wieder für eine Hauptrolle? ... Mit wem? ... Mit Tschäck Nickolls Sohn? ... Ach so, mit Jack Nicholson. Ich mach mich mit dem doch nicht lächerlich!"

---

[1] Amerikanisch-Pasinger Slang für Blutsauger.
[2] Karl Meyer, Lager-Arbeiter aus Pasing und Ursulas Busenfreund mit Spitznamen „Karl May".

A star is born. Magdalena, alias Ursula Aschenbrödel, ist die Attraktion des Tages. Unzählige Parademänner scharen sich um sie. Was ihr bleibt, ist die Qual der Wahl.

Freunden des Understatements, die an dieser Masche Gefallen gefunden haben, sei gesagt, daß sich für das Starsystem eine Vielzahl von Rollen anbietet. So erregt im deutschsprachigen Raum beispielsweise ein gewöhnlicher Scheich (Idealparfüm „*Oil* of Olaz") ebenso das öffentliche Opferinteresse wie ein kurzberockter Indianerhäuptling. Bluffmethoden dieser Art sollten jedoch aus Gründen der Glaubwürdigkeit unbedingt außerhalb der Faschingszeit angewandt werden.

Vorspiegelung falscher Tatsachen

Eine äußerst raffinierte, wenn auch nicht unbedingt astreine Masche bieten Unterschriftensammlungen durch jene Aufreißerspezies, die begehrten Objekten bevorzugt schriftlich den Hof machen will. Das Grundübel letzterer Vorgangsweise liegt ja bekanntlich darin, daß unbekannte Objekte dem Eroberer namentlich nicht bekannt sind und somit schriftlich weder agiert noch urgiert werden kann.

Die fingierte Unterschriftensammlung stellt ein geeignetes Instrumentarium dar, dieses Übel zu eliminieren. Erblicken Sie ein Objekt Ihrer Begierde, zücken Sie die stets griffbereite Unterschriftenmappe, stellen sich dem Opfer blockierend in den Weg und bitten es, eine Resolution gegen das Waldsterben zu unterfertigen. Ist das Opfer aus welchen Gründen immer *für* das Waldsterben, bieten Sie ihm Alternativen an: gegen Pornographie und gemischte Saunen. Gegen *Radio*-Aktivität in der Medienlandschaft. Gegen Kurzarbeit und gegen Arbeit ganz generell. Irgend etwas wird sich wohl finden, was das Subjekt freiwillig unterschreibt, indem es, wie das so üblich ist, seinen Namen samt Adresse in Blockschrift danebensetzt. Sind Sie während des *Umweltgipfels* mit dem Objekt noch nicht *warm* geworden, eröffnet sich Ihnen nun durch dessen Anschrift die Möglichkeit, schriftlich zu intervenieren.

196

Benötigen Sie für Ihre Entscheidung, beim Opfer schriftlich nachzufassen oder nicht, mehr Angaben, als bei einer Unterschriftensammlung erhältlich, empfehle ich Ihnen die artverwandte „Umfrageaktion". Bereiten Sie dazu einen spezifischen Fragebogen vor, der Ihre Neugier befriedigen kann. Erzählen Sie dem *angehaltenen* Opfer, es handle sich um eine Umfrage für das Statistische Zentralamt. Für alle Staatsbürger bestehe, bei Androhung von Freiheitsentzug, gesetzliche Antwortpflicht.

Beispielhafter Fragebogen

STATISTISCHES ZENTRALAMT
Abteilung Verhaltens- und Sexualforschung
Magistrat IV/2/Zl: 69-GV.

Objekt   ○ männlich   ○ weiblich

Falls weiblich, Jungfrau: ○ ja   ○ nein   ○ vielleicht

○ ledig   ○ verheiratet   ○ fest gebunden

○ locker verbunden   ○ frei verfügbar

Frage 1:
Würden Sie sich als kontaktfreudig bezeichnen?

_____

Frage 2:
Spielt das Aussehen für Sie eine entscheidende Rolle?

_____

Frage 3:
Würden Sie von einem unbekannten, sympathischen Menschen eine Einladung zum Abendessen annehmen?

_____

Frage 4:
Könnten Sie sich rein hypothetisch vorstellen, dieses Abendessen mit dem Interviewer zu konsumieren?

Frage 5:
Wäre es für Sie denkbar, nach dem Abendessen mit oben erwähnter Person ganz zwanglose Unkeuschheit zu treiben?

Frage 6:
Wären Sie nun, nachdem Sie sich dem Interviewer anvertraut haben, freundlicherweise bereit, diesem für seine Verschwiegenheit eine kleine Spende zu überlassen?

Name   Adresse

Telefon   Unterschrift

Der gelernte Aufreißer hat längst erkannt, daß, je nach Gestaltung der Fragen, obige Meinungsforschung auch hervorragend für eine umgehende „Vereinbarung einer gemeinsamen Unternehmung jeglicher Art" geeignet ist. Der sicherlich entscheidende Vorteil dieser *kriminellen* Masche liegt darin, daß Sie ohne jede Korbgefahr minutenlang mit dem Teilnehmer Ihrer Wahl kommunizieren und währenddessen in Ruhe überlegen können, ob Sie zum Angriff übergehen möchten oder nicht.

Humanitärer Betrug

Bei dieser „Umkehrmasche" spielt der Aufreißer vorübergehend selbst das Opfer, indem er sich absichtlich in eine Notlage
versetzt und so an das große Herz seines Wunschkandidaten
appelliert. Bekannt ist diese von weiblichen Aufreißern bevor-
zugte Methode durch den theatralischen Zeitlupensturz der
Skifahrerin wie auch durch den tragischen *Fall* des berühmten
Taschentuchs.

Besonders anziehend für hilfsbereite Opfer:
humanitärer Betrug, Marke „suizid", in stilistischer Vollendung

Möglich ist allerdings auch ein simpler Sturz auf dem Gehsteig
oder im Treppenhaus, ein verlorener Ohrring, noch besser,
eine *entfallene* Haftschale oder ein verklemmter Reißverschluß.
Es muß ja nicht gleich der Hosenladen sein, der klemmt, meine
Herren. Damen lassen sich gerne beim Einparken behilflich
sein, und für die Herren der Schöpfung habe ich eine mehrfach
getestete Variante beim Einkauf anzubieten: Erkundigen Sie
sich als kochuntauglicher Mann bei der Frau Ihrer Wahl nach

nötigen Zutaten wie Rezepten und Zubereitungskriterien diverser Speisen. Auf diese Art lernen Sie nicht nur neue Opfer unverbindlich kennen, sondern auch kochen.

Die gesteigerte Form des humanitären Betrugs bildet die, wenn nötige, Vortäuschung leichter Behinderungen: ein Hinkender, den man stützen muß, ein Blinder, dem man über die Straße hilft. Der *Blinde* wären in diesem Falle Sie. Blindenband umgestreift und dunkle Brille aufgesetzt, wird das Opfer *gerammt*, dafür verantwortlich gemacht und zur Wiedergutmachung aufgefordert, Sie erst über die Straße, dann bis zum Café und schließlich noch bis zum Tisch zu begleiten. Der Rest ist kinderleicht; ein Kompliment des *blinden* Aufreißers an den Helfer: „Sie sehen aber wirklich gut aus" und der professionelle Übergang zur Ehrlichkeitsmasche: „Verzeihen Sie mir, aber ich mußte Sie unbedingt kennenlernen."

Abschließend bleibt anzumerken, daß das Ausmaß der Behinderungen nicht übertrieben und schon gar nicht ansteckende Seuchen vorgetäuscht werden sollten. Mit Lepra und dergleichen wirken Sie auf Opfer wie die *Pest*.

Urkundenfälschung

Das Aufreißerproblem: Es gibt möglicherweise interessantere Berufe als den Ihren. Die Lösung: Blitz-Umschulung via Urkundenfälschung. Die Folge: Als Stapelfahrer verlassen Sie Punkt 16.00 Uhr Ihren Arbeitsplatz und betreten gegen 21.00 Uhr Ihr *Revier* bereits als Kommissar der Sittenpolizei, als Fotograf einschlägiger Magazine, als Luftwaffenpilot, Filmregisseur, als Agent 0815, als Drei-Hauben-Koch, Radiomoderator, als Uro- oder Gynäkologe. Das Ergebnis: Nicht Sie reißen Opfer, sondern Opfer reißen nunmehr Sie auf. Was glauben Sie, welche Geschichten die Herren Ihnen als vermeintlicher Urologin unaufgefordert auftischen. Das kann so weit führen, daß Sie mit Männern Ihr Leben lang nichts mehr zu tun haben wollen oder lesbisch werden. Als Fotograf eines Männermagazins öffnen sich Ihnen ebenfalls neue *Perspektiven*. Suchen Sie angeblich die „Beine des Jahres", heben sich zahlreiche Röcke wie Vorhänge im Theater: vollautomatisch. Als wahrer *Abschleppdienst* erweisen sich fiktiven „Regisseuren" angehende Filmsternchen, denen klar ist, daß man in diesem Berufszweig nur *über Sie* nach oben kommt.

Um Ihre neue *Berufung* zu dokumentieren, empfiehlt es sich, fingierte Visitenkarten oder kreativ *gefälschte* Ausweise[1] unauffällig vor sich liegenzulassen beziehungsweise auffällige Namensschilder mit Berufsbezeichnungen zu tragen.

Sabotage

Eine der hinterhältigsten Formen des kriminellen Aufrisses: die planmäßige Beeinträchtigung eines Operationsablaufes, in diesem Fall „Eroberung fremden Terrains", durch Widerstand und Zerstörung. Im Klartext bedeutet das: Erst fügt man dem Opfer Schaden zu, um ihm dann Hilfe anbieten zu können. Geringfü-

---

[1] Geschätzter Hafturlaub: ein bis drei Jahre.

gige Sabotageakte äußern sich etwa im absichtlichen Anrempeln von Objekten oder im Verschütten von Getränken auf deren Kleidung. Schwerwiegendere und deshalb strikt abzulehnende Delikte führen zu gezielten Auffahrunfällen oder mutwillig herbeigeführten Pannen durch *entlüftete* Reifen etcetera. Der Täter und Eroberer in einer Person ist „rein zufällig" zur Stelle und bietet seine Hilfe an. Während er den Reifen wechselt oder mittels Mund-zu-Mund-Beatmung *wiederbelebt*, nützt er die Zeit geschickt zum *widerwärtigen* Aufriß.

Gemeingefährlich ist auch die Masche, in der das Subjekt von einem getarnten Bekannten des *kriminellen* Eroberers so lange genervt wird, bis letzterer schließlich heldenhaft hinzukommt und den Unhold in die Flucht schlägt, um sich anschließend auf seinen Lorbeeren, sprich dem Opfer, *auszuruhen*.

Überfall

Diese überfallsartige Eroberungsmethode[1] eignet sich vor allem für Objekte, die an Schaltern arbeiten, kann jedoch auch an vielen anderen Orten problemlos eingesetzt werden. Die Durchführung gestaltet sich äußerst einfach. Sie übergeben dem Wunschpartner stillschweigend die Überfallsbenachrichtigung und warten mit angemessener Muße dessen Reaktion ab. Warnen muß ich Sie vor dem Einsatz dieser Masche in Banken und Postämtern. Bevor das *benachrichtigte* Objekt Ihre Botschaft zu Ende gelesen hat, hat es womöglich bereits den Alarmknopf betätigt. Auch für Herz- und Nervenschwache könnte Ihr *Traumaufriß* zum *Alptraum* werden.

Entführung und Erpressung

Was im ersten Moment grausam klingt, entpuppt sich bei genauerer Betrachtung als pfiffige, unbedenkliche und erfolgreiche Eroberungsvariante für vornehmlich namentlich bekannte Objekte. Das Opfer erhält einen Erpresser- oder Entführerbrief in üblicher Aufmachung, das heißt mit aus Zeitungen herausgeschnittenen Worten, aus denen Sätze gebildet werden. Und ab geht die Post.

Beispielhafte Entführung

☞ „Muß Dich am Samstag leider ins Theater entführen. Lösegeld: anschließender Drink in Pizzeria. Rufe die Nummer 24 30 12 für weitere Instruktionen."

Sie können natürlich auch dem späteren Entführungsopfer vorab einen Schirm, ein Feuerzeug oder ähnliches entwenden und dann fordern:

☞ „Habe Ihren Schirm entführt. Wenn Sie ihn *ganz* wiedersehen wollen, kommen Sie am Freitag, 21.30 Uhr in das Restaurant Weinstube am Rudolfsplatz. Kommen Sie allein — sonst *hagelt* es was."

[1] Besonders ausgedehnter Hafturlaub.

opfer :

Mittwoch
UM
19.3o **UHR**
passiert es:

Spritz-Tour

Kein Aufruhr

Beispielhafte Erpressung

☞ „Entweder Du gehst am Freitag mit ins Kino, oder ich gehe auch nicht. Du hast 24 Stunden Bedenkzeit."

☞ „Wenn Du nein sagst, *verdrehe* ich dir den Kopf!"

☞ „Entweder *Du* gehst mit mir ins Bett, oder eine andere."

☞ „Wenn Sie morgen nicht mit mir essen gehen, drehe ich Ihnen den Hahn ab. Ihr Gasmann."

204

Aufriß-Allerlei

Neben den vorangegangenen, detailliert beschriebenen Aufriß-maschen existieren naturgemäß Tausende andere Möglichkeiten, aus nichtsahnenden Passanten Opfer Ihrer Aufrißsucht zu machen. Dieses *Eroberungskonglomerat*, um im intellektuellen Jargon des Buches zu bleiben, zeigt Ihnen allerlei kunterbunte Möglichkeiten auf, wie Sie weder kriminell noch unsportlich in kürzester Zeit das erreichen, wovon gewöhnliche Menschen, das sogenannte „Fußvolk", nur träumen, sprich: wie Sie in *Null Komma Josef* vom Träumer *Josef* zu *Josef Traummann* oder zur Traumfrau *Josefine* mutieren können.

Die Klassiker

Die klassischen Maschen stehen Ihnen auch dann zur Verfügung, wenn Sie lieber Mozzarella essen als Mozart hören oder eine Schubhaft Schubert vorziehen. Klassiker eignen sich zwar bevorzugt für Menschen von gestern, können jedoch durch Ihren persönlichen Stil problemlos modernisiert werden, um wieder Zeitgeist zu signalisieren. Hier die wichtigsten Methoden im Überblick.

Akzent

Fügen Sie Ihrer Sprachlosigkeit einen Akzent bei, etwa einen russischen. Prosten Sie bei russischem Kaviar und *spirituellem* Wodka mit „Glasnost" zu. Das beeindruckt vor allem provinzielle Objekte.

Kabriolett

Steigen Sie auf ein *Oben-ohne-Auto* um. Dieses verleiht Ihnen eine weltoffene, sonnige Note und zudem die Möglichkeit, *vorbeiziehende* Objekte, sogenannte *Zigeuner*, praktisch *im Vorbeifahren* mitzunehmen.

Taschentuch

Der *freie Fall* von Taschentüchern in beliebiger Menge, mit eingewebtem Namen samt Telefonnummer, beschert Ihnen Kavaliere *en masse*. Als Finderlohn stellen Sie diesen, beispielsweise mittels Dekolleté, markante Teile Ihres Körpers in Aussicht. Verwenden Sie bitte jedoch keinesfalls gebrauchte Taschentücher. Diverse Gentlemen könnten dadurch *verschnupft* sein.

Drink

Laden Sie Café-, Bar- oder Diskothekenopfer auf einen kostenlosen Drink ein. Nehmen sie Ihre Einladung an, *drinken* Sie mit. Je hochprozentiger der Inhalt, desto prozentuell höher ist Ihre Eroberungschance.

Blumen

Sagen Sie es Ihrem Augapfel durch die Blume. Dadurch öffnen sich Ihnen so manche *Knospen*. Dauert die *Eröffnung* zu lange, gießen Sie Feuerwasser nach. Siehe „Drink".

Fotograf

Mimen Sie, wie schon im *künstlerischen Aufriß* angeschnitten, einen professionellen Fotografen. Eitle Objekte bereiten Ihnen auf diese Weise eitel Wonne. Türen, Tore und Reißverschlüsse stehen Ihnen sogleich offen.

Tanz

Bitten Sie Ihren Wunschpartner zum Freudentanz. Möchten Sie Ihr Tanzobjekt, um es später wiederzufinden, durch einen Knutschfleck *markieren*, laden Sie zum maskierten Tanz der Vampire. Als geborener Blutsauger müssen Sie sich dazu nicht einmal verkleiden.

Feuer

Bieten Sie hilf-, weil flammenlosen Rauchern Feuer an. Den *angefeuerten* Objekten bleibt gar keine andere Wahl, als Feuer und Flamme für Sie zu sein.

Ein von Ihnen angefeuertes Opfer wird Sie nie vergessen

Zwinkern

Augenzwinkern ist zwar nicht jedes Opfers Sache, es bleibt Ihnen aber immer noch die Möglichkeit, sich gegebenenfalls als Typ mit nervösen Zuckungen auszugeben und anschließend zur Ehrlichkeitsmasche überzuleiten.

Die christliche Masche

Durch und durch brave, integre, wohlerzogene, artige, recht-
schaffene und gesittete Subjekte, die zu regelmäßigem Kirch-
gang neigen, reagieren auf simuliert platonischen Aufriß am
folgsamsten. Besorgen Sie sich vorsorglich eine Bibel, legen Sie
sich biblische Zitate für verschiedenste Anlässe zurecht und lau-
ern Sie den Gläubigen in hochgeschlossener, einfarbiger Kleidung, bevorzugt schwarz, vor Kirchen auf. Letztere erkennen
Sie schon aus der Ferne unschwer an beigestellten Türmen.
Sichten Sie einen *gottverlassenden* Kandidaten, türmen Sie sich
vor ihm auf und *verführen* Sie ihn, mit einer einschlägigen Re-
dewendung, in Versuchung: „Wollen Sie mich *lieben*, ehren
und preisen, bis daß der *kleine Tod* uns scheidet?"

Die Doppelgängermasche

Zugegeben, es gibt billigere Methoden, aber wirkungsvollere
kaum. Durch eine kleine, unbedeutende Operation, die Ihnen
sicherlich nicht schadet, verwandelt Sie ein plastischer Chirurg
in einen *Star*-Aufreißer. Als sexbesessene Madonna, als fotogene Claudia Schiffer, als rennfahrender Gerhard Berger, als
politisierender Bill Clinton oder als singender Heino fliegen Ihnen die Herzen dann in *Menschenscharen* zu. Ihre Opfer werden
Sie auf Schritt und Tritt verfolgen. Sie können weder alleine
Zähne putzen noch onanieren. Bald werden Sie sich des An-
drangs nicht mehr erwehren können und froh sein, in Wirklichkeit nur Otto zu heißen. Sie wissen schon: Otto Normalverbraucher. Nur leider glaubt Ihnen das dann niemand mehr.

Tierischer Aufriß

Durch Tierliebe, Angst und Vereinsamung sind in den letzten
Jahren bedenklich viele Menschen auf den *Hund* gekommen.
Trottet ein solcher an seinem Opfer *hängender* Hundianer an

Ihnen vorbei, eröffnen sich Ihnen *tierisch* viele Eroberungsvariationen. Sie sprechen beispielsweise nun nicht mehr das Herrchen oder Frauchen, sondern das Tierchen an, so es sich um keinen Dobermann handelt. „Na, Kleiner, du bist aber ein süßer Wuschelbär (?), wie heißt du denn?" Noch bevor Sie vom Vierbeiner eine Antwort erhalten, mischt sich mit an Sicherheit grenzender Wahrscheinlichkeit der Tier-*Halter* ein. Der folgende Small talk zwischen Ihnen und Ihrem Opfer läuft jetzt über den ganz und gar *verständnislosen* Hund. „Du hast aber ein Glück, so ein hübsches Frauchen an der Leine zu haben. Glaubst du, ich darf mit deinem Frauchen auch mal Gassi gehen?"

Kindischer Aufriß

Wenn das Objekt Ihrer Begierde mit einem Kleinkind bestückt ist, bietet sich diese Masche im besonderen den anfänglich *sprachlosen* Eroberern an. Da Babys sowieso meist nur „Bahnhof" verstehen, besteht Ihre vorrangige Aufgabe lediglich darin, diese zum sabbernden Schmunzeln zu bewegen. Hier eine bewährte Ansprechformel für Kinder unter zwei Jahren:

„Dudldudldudldudldudldudldudl. Blubblabblubblab."

Spätestens nach diesem *kindischen* Monolog ist der begehrte Elternteil oder das *ausführende* Objekt auf Sie aufmerksam geworden. Nun ist es an der Zeit, die strategisch wichtige *Komplimentärphase* einzuleiten. „Ganz die Mutti, die lieben Fliegeröhrlein und das Stupsnäschen."
Im folgenden unterscheidet sich der *kindische* Aufriß in keinster Weise vom *tierischen*. Übrigens wieder ein Beweis dafür, daß der Mensch vom Affen abstammt. Oder essen Sie etwa nie Bananen?

Lächerlicher Aufriß

So Sie ein Witzbold sind oder wie einer aussehen, haben Sie vielleicht in Erwägung gezogen, allfällige Objekte via dummer Scherze anzuziehen. Vergessen Sie dabei jedoch nicht, daß die Auffassung von Humor sehr unterschiedlich ist. Kann das Opfer über meinen köstlichen Humor herzhaft lachen, findet es den Ihren womöglich weitaus weniger witzig. Oder umgekehrt; das heißt, mich nimmt es als Aufreißer ernst, über Sie lacht es sich tot. Ihr Nachteil: Tote Opfer sind überaus temperamentlos, fast könnte man sagen phlegmatisch und ohne jede Kommunikationsfreude.

Freudscher Aufriß

Sicher, Ihr Wunschopfer ist grundsätzlich ganz in Ordnung. Aber eben nur grundsätzlich. Irgendein *Knacks* läßt sich nämlich bei intensiver Nachforschung immer finden, aufwühlen und reaktivieren. Etwa ein schreckliches frühpubertäres Kindheitserlebnis à la wiederholte Wiederholung ein und derselben Schulklasse wegen außergewöhnlich überentwickelter Begriffstutzigkeit. Genau hier setzt nun Ihr analytischer Scharfblick ein. „Mußtest du als Baby oft im Dunkeln schlafen? – Ja? – Siehst du, und deshalb ist dir auch später in der Schule nie ein Licht aufgegangen." Fühlt sich das durchschaute Objekt mit solch ein*leuchtenden* analytischen Schlußfolgerungen erstmals in seinem Leben wirklich verstanden, erzählt es Ihnen alles, was Sie noch nie über das Opfer wissen wollten. In diesem Stadium empfiehlt es sich nun, das motorisch quasselnde Objekt auf die klassische Couch zu verfrachten, um mit Ihrer ganz spezifischen Tiefentherapie beginnen zu können.

Die Kuß-Garantie

Hiermit wird jedem mündigen Leser, der dieses Buch mehrmals gelesen, oftmals verschenkt und sämtliche Übungen vielfach erprobt hat, garantiert, daß er bei wiederholter Ausführung der empfohlenen Eroberungsvarianten im Laufe eines Jahres ab Bucherwerb mindestens ein Opfer seiner Wahl erlegen, sprich küssen wird.

Sollte ein Leser, der alle oben angeführten Bedingungen erfüllt hat, der Edition Straubinger, Sigmaringer Str. 57a, D-70567 Stuttgart, nach Ablauf der Frist begründet mitteilen, daß er trotz zahlreicher Eroberungsversuche im Laufe der letzten zwölf Monate kußlos unglücklich geblieben ist, gebühren ihm laut dieser Garantieerklärung das schriftlich ausgesprochene Beileid des Autors sowie drei „süße Küßchen", welche ihm von Seiten der Edition Straubinger dann „so umgehend wie möglich" zugesandt werden.

215

Geschafft!

Entweder Sie haben es geschafft, Sie werden es noch schaffen, oder aber Sie sind geschafft. Wahrscheinlich schwelgen Sie jedoch schon im siebten Aufrißhimmel, nähren sich an zahlreichen *Delikateßopfern*, baden genüßlich im *objektiven* Erfolg eines Paradeaufreißers und halten sich *Stück*zahlen, die an einen Harem erinnern. Wie auch immer, eines steht auf jeden Fall fest:

Sie sind am Ende!

Jetzt gibt es kein Zurück mehr.

Nur noch die Flucht nach vorne!

1. Auflage: 1. bis 20. Tausend
(ISBN 3-7015-0306-0)
Copyright by Edition Straubinger
Vertrieb im deutschsprachigen Raum: Verlag Orac
im Verlag Kremayr & Scheriau, Wien
Alle Rechte vorbehalten
Layout: Franz Hanns, Wien
Satz und Repro: SRZ, Korneuburg
Druck und Bindung: Mladinska Knjiga, Ljubljana